COM 468.34 REL

# WITHDRAWN

2 4 JUN 2023

# RELATOS MEXICANOS

HA-
BLA
CON
EÑE

**EQUIPO EDITORIAL**

Directora de la colección: Carmen Aguirre
Editora: Clara de la Flor
Coordinador técnico: Fernando de Bona
Diseño: Virginia Sardón

Reseñas de los autores: Aroa Moreno
Presentaciones de los relatos: Mar Paúl
Glosario español-inglés: Terry Berne
Glosario español-español: Rebeca Julio
Explotaciones didácticas: Ana Rubio, Sonia Bajo

Locuciones: Miriam Alcántara, Rubén Castro,
Daniel Rámirez

Primera edición: septiembre de 2010
ISBN: 978-84-614-1524-3
Depósito legal: M-39878-2010

Impreso en Omagraf
Printed in Spain – Impreso en España

# RELATOS MEXICANOS
COLECCIÓN AUDIOLIBROS

**Autores**
Juan Rulfo
Ángeles Mastretta
José Emilio Pacheco
Juan José Arreola

# ÍNDICE

# INTRODUCCIÓN

*Relatos mexicanos* es el tercer título de esta colección de audiolibros. Con este nuevo título pretendemos acercar al aprendiz de español a los mejores escritores de cuentos de la literatura mexicana. Este libro nos acerca un poco más al objetivo de la colección: presentar la variedad y la riqueza literaria y lingüística del español en el mundo.

Hemos hecho una cuidada selección de cuatro relatos en sus versiones originales. Como este libro va dirigido a estudiantes de español (niveles B2-C2), facilitamos toda una serie de ayudas para que los textos sean comprendidos en su totalidad. Por eso, las palabras más difíciles se explican en un glosario "español – español" que aparece al final de cada relato, además de presentar su traducción al inglés a pie de página. Cada relato se acompaña de una presentación que ayuda a contextualizarlo y a profundizar en su contenido para facilitar su lectura.

Uno de los objetivos de este libro es ayudar en la preparación del DELE. Por esta razón, todos los relatos están acompañados de una batería de ejercicios de una modalidad y una dificultad muy similar a los que aparecen en estos exámenes.

Los relatos han sido leídos por actores mexicanos para acercar al estudiante al español de México, con sus peculiaridades de acento. Percibirás la pronunciación como ´s` de la ´c` y la ´z`, habitual en toda Hispanoamérica; pero también la especial musicalidad tan típica de esta zona.

Una vez más, te animamos a disfrutar y aprender con estos magníficos relatos aptos para el más exigente de los lectores.

# RELATO 1

## No oyes ladrar los perros
Juan Rulfo

## EL AUTOR
JUAN RULFO (1917, Jalisco – 1986, Ciudad de México)

Juan Rulfo no nació en Comala, el mítico pueblo al que Pedro Páramo fue a buscar a su padre, sino en Apulco, en el estado de Jalisco, en 1917. Todo el reconocimiento literario de este escritor se apoya, únicamente, en dos libros: *El llano en llamas*, diecisiete cuentos publicados en 1953, y la novela *Pedro Páramo*, publicada en 1955 y traducida a un gran número de idiomas. Rulfo es considerado uno de los grandes maestros de la narrativa en lengua española del siglo XX.

Como un intérprete, desentraña la cultura mexicana situándola entre el realismo mágico y el indigenismo. Sus personajes están atrapados en un lamento desamparado y desértico que Rulfo depura en lenguaje y forma hasta la médula. A esa tristeza campesina y austera en lágrimas, Rulfo le ha dedicado la temática de su obra poniendo en el punto de mira a México como una tierra árida y dolida que poco tiene que ver con el mariachi y el tequila de su estado natal.

## PRESENTACIÓN
NO OYES LADRAR LOS PERROS

De la breve y magistral obra de Juan Rulfo presentamos un relato integrado en *El llano en llamas*. En él asistimos al duro recorrido de un padre que lleva a su hijo malherido a la espalda hasta el pueblo más próximo en busca de un médico. Junto a ellos la luna será la única presencia explícita en medio de un paisaje desolado. El ladrido de los perros será la señal de llegada y la salvación.

Los dos hombres componen una figura alargada: arriba el cuerpo dolorido del hijo, abajo un padre viejo, sacando fuerzas para soportar ese peso y una carga aún mayor que la física.

La visión de dos personas transformadas en una, borra la absoluta oposición de sus personalidades y del dolor que padecen. El dolor del primero tiene un origen y un remedio físico, el del segundo es de carácter moral y quizá sólo encuentre alivio en las palabras de reproche que ahora pueda dirigir a quien lo ha causado.

Son esas palabras las que ocuparán la mayor parte del cuento del que, por lo demás, se ha eliminado lo circunstancial, lo descriptivo y hasta los detalles de presentación. Entramos en él a la manera de los antiguos relatos épicos, en medio de una acción ya comenzada, y nos situamos ante una estampa trágica que invierte aquella otra más legendaria de Eneas cargando al padre mientras huye de Troya. No ha habido nada heroico en la vida de este hijo, pero el viejo, en cuanto padre, no puede renunciar al amor que siente, aunque lo disfrace de compromiso con la esposa muerta; en cuanto hombre de principios éticos no puede perdonarle su conducta criminal ni el sufrimiento que ha ocasionado. Ese conflicto íntimo se refleja también en el lenguaje: el padre se interesa por el hijo, le pregunta si está bien, le anima a que aguante, lo llama de <<tú>>; el hombre de ley lo recrimina, lo juzga, lo maldice, lo llama de <<usted>>. El cambio del <<tú>> al <<usted>> marca una vez más la distancia moral que los separa.

La extraordinaria concisión de la técnica narrativa de Juan Rulfo dota a sus relatos de una ambigüedad esencial a la que no escapa *No oyes ladrar los perros*, que concluye de la misma forma tajante y repentina con que se inició, y en el punto de máxima intensidad dramática. Se clausura el relato pero queda abierto y en manos del lector el desenlace de la historia.

## AUDIO 1
NO OYES LADRAR LOS PERROS

**Locución:** Daniel Ramírez
**Acento:** Mexicano
**Duración:** 12'14"

## No oyes ladrar los perros
Juan Rulfo


—Tú que vas allá arriba, Ignacio, dime si no oyes alguna señal de algo o si ves alguna luz en alguna parte.

—No se ve nada.

—Ya debemos estar cerca.

—Sí, pero no se oye nada.

—Mira bien.

—No se ve nada.

—Pobre de ti[1], Ignacio.

La sombra larga y negra de los hombres siguió moviéndose de arriba abajo, trepándose[2] a las piedras, disminuyendo y creciendo según avanzaba por la orilla del arroyo. Era una sola sombra, tambaleante[3].

La luna venía saliendo de la tierra, como una llamarada[4] redonda.

—Ya debemos estar llegando a ese pueblo, Ignacio. Tú que llevas las orejas de fuera, fíjate a ver si no oyes ladrar los perros. Acuérdate que nos dijeron que Tonaya estaba detrasito del monte. Y desde qué horas que hemos dejado el monte. Acuérdate, Ignacio.

—Sí, pero no veo rastro[5] de nada.

—Me estoy cansando.

---

**1 pobre de ti (o de alguien):** so much the worse for you **2 trepar:** to climb, scale **3 tambaleante:** staggering, teetering **4 llamarada:** sudden blaze, flare-up **5 rastro:** trail, trace, sign

—Bájame.

El viejo se fue reculando[6] hasta encontrarse con el paredón[7] y se recargó allí, sin soltar la carga de sus hombros. Aunque se le doblaban las piernas, no quería sentarse, porque después no hubiera podido levantar el cuerpo de su hijo, al que allá atrás, horas antes, le habían ayudado a echárselo a la espalda. Y así lo había traído desde entonces.

—¿Cómo te sientes?

—Mal.

Hablaba poco. Cada vez menos. En ratos parecía dormir. En ratos parecía tener frío. Temblaba[8]. Sabía cuándo le agarraba a su hijo el temblor por las sacudidas[9] que le daba, y porque los pies se le encajaban en los ijares[10] como espuelas[11]. Luego las manos del hijo, que traía trabadas[12] en su pescuezo[13], le zarandeaban[14] la cabeza como si fuera una sonaja[15]. Él apretaba los dientes para no morderse la lengua y cuando acababa aquello le preguntaba:

—¿Te duele mucho?

—Algo —contestaba él.

Primero le había dicho: "Apéame aquí... Déjame aquí... Vete tú solo. Yo te alcanzaré mañana o en cuanto me reponga[16] un poco." Se lo había dicho como cincuenta veces. Ahora ni siquiera eso decía. Allí estaba la luna. Enfrente de ellos. Una luna grande y colorada que les llenaba de luz los ojos y que estiraba y oscurecía más su sombra sobre la tierra.

---

**6 recular:** to reverse, back up **7 paredón:** thick wall **8 temblar:** to shiver, shake, tremble **9 sacudida:** tremor, sudden or violent movement **10 ijar:** flank, side **11 espuela:** spur **12 trabar:** to tie or connect **13 pescuezo:** neck **14 zarandear:** to shake, buffet **15 sonaja:** rattle **16 reponerse:** to recover, recuperate

—No veo ya por dónde voy —decía él.

Pero nadie le contestaba.

El otro iba allá arriba, todo iluminado por la luna, con su cara descolorida, sin sangre, reflejando una luz opaca. Y él acá abajo.

—¿Me oíste, Ignacio? Te digo que no veo bien.

Y el otro se quedaba callado.

Siguió caminando, a tropezones. Encogía el cuerpo y luego se enderezaba[17] para volver a tropezar de nuevo.

—Éste no es ningún camino. Nos dijeron que detrás del cerro[18] estaba Tonaya. Ya hemos pasado el cerro. Y Tonaya no se ve, ni se oye ningún ruido que nos diga que está cerca. ¿Por qué no quieres decirme qué ves, tú que vas allá arriba, Ignacio?

—Bájame, padre.

—¿Te sientes mal?

—Sí

—Te llevaré a Tonaya a como dé lugar. Allí encontraré quien te cuide. Dicen que allí hay un doctor. Yo te llevaré con él. Te he traído cargando desde hace horas y no te dejaré tirado aquí para que acaben contigo quienes sean.

Se tambaleó un poco. Dio dos o tres pasos de lado y volvió a enderezarse.

—Te llevaré a Tonaya.

—Bájame.

Su voz se hizo quedita[19], apenas murmuraba[20]:

---

**17 enderezarse:** to stand up straight, straighten up **18 cerro:** low mountain, hill **19 quedita:** spoken softly, whispered **20 murmurar:** mutter, murmur

—Quiero acostarme un rato.

—Duérmete allí arriba. Al cabo[21] te llevo bien agarrado.

La luna iba subiendo, casi azul, sobre un cielo claro. La cara del viejo, mojada en sudor, se llenó de luz. Escondió los ojos para no mirar de frente, ya que no podía agachar la cabeza agarrotada[22] entre las manos de su hijo.

—Todo esto que hago, no lo hago por usted. Lo hago por su difunta[23] madre. Porque usted fue su hijo. Por eso lo hago. Ella me reconvendría[24] si yo lo hubiera dejado tirado allí, donde lo encontré, y no lo hubiera recogido para llevarlo a que lo curen, como estoy haciéndolo. Es ella la que me da ánimos, no usted. Comenzando porque a usted no le debo más que puras dificultades, puras mortificaciones[25], puras vergüenzas.

Sudaba al hablar. Pero el viento de la noche le secaba el sudor. Y sobre el sudor seco, volvía a sudar.

—Me derrengaré[26], pero llegaré con usted a Tonaya, para que le alivien esas heridas que le han hecho. Y estoy seguro de que, en cuanto se sienta usted bien, volverá a sus malos pasos. Eso ya no me importa. Con tal que se vaya lejos, donde yo no vuelva a saber de usted. Con tal de eso... Porque para mí usted ya no es mi hijo. He maldecido[27] la sangre que usted tiene de mí. La parte que a mí me tocaba la he maldecido. He dicho: "¡Que se le pudra en los riñones la sangre que yo le di!" Lo dije desde que supe que usted andaba trajinando por los caminos, viviendo del robo y matando

---

**21 al cabo:** in the end, after all **22 agarrotado:** to stiffen up, seize up **23 difunto:** deceased **24 reconvenir:** to scold, chide **25 mortificación:** torment, distress **26 derrengarse:** to seriously injure one's back, collapse **27 maldecir:** to curse, speak ill of someone

gente... Y gente buena. Y si no, allí está mi compadre Tranquilino. El que lo bautizó a usted. El que le dio su nombre. A él también le tocó la mala suerte de encontrarse con usted. Desde entonces dije: "Ése no puede ser mi hijo."

—Mira a ver si ya ves algo. O si oyes algo. Tú que puedes hacerlo desde allá arriba, porque yo me siento sordo.

—No veo nada.

—Peor para ti, Ignacio.

—Tengo sed.

—¡Aguántate! Ya debemos estar cerca. Lo que pasa es que ya es muy noche y han de haber apagado la luz en el pueblo. Pero al menos debías de oír si ladran los perros. Haz por oír.

—Dame agua.

—Aquí no hay agua. No hay más que piedras. Aguántate. Y aunque la hubiera, no te bajaría a tomar agua. Nadie me ayudaría a subirte otra vez y yo solo no puedo.

—Tengo mucha sed y mucho sueño.

—Me acuerdo cuando naciste. Así eras entonces. Despertabas con hambre y comías para volver a dormirte. Y tu madre te daba agua, porque ya te habías acabado la leche de ella. No tenías llenadero. Y eras muy rabioso[28]. Nunca pensé que con el tiempo se te fuera a subir aquella rabia a la cabeza... Pero así fue. Tu madre, que descanse en paz, quería que te criaras fuerte. Creía que cuando tú crecieras irías a ser su sostén[29]. No te tuvo más que a ti.

---

**28 rabioso:** furious, angry **29 sostén:** support, means of support

El otro hijo que iba a tener la mató. Y tú la hubieras matado otra vez si ella estuviera viva a estas alturas[30].

Sintió que el hombre aquel que llevaba sobre sus hombros dejó de apretar las rodillas y comenzó a soltar los pies, balanceándolos[31] de un lado para otro. Y le pareció que la cabeza, allá arriba, se sacudía como si sollozara[32].

Sobre su cabello sintió que caían gruesas gotas, como de lágrimas.

—¿Lloras, Ignacio? Lo hace llorar a usted el recuerdo de su madre, ¿verdad? Pero nunca hizo usted nada por ella. Nos pagó siempre mal. Parece que, en lugar de cariño, le hubiéramos retacado[33] el cuerpo de maldad. ¿Y ya ve? Ahora lo han herido. ¿Qué pasó con sus amigos? Los mataron a todos. Pero ellos no tenían a nadie. Ellos bien hubieran podido decir: "No tenemos a quién darle nuestra lástima". ¿Pero usted, Ignacio?

Allí estaba ya el pueblo. Vio brillar los tejados bajo la luz de la luna. Tuvo la impresión de que lo aplastaba el peso de su hijo al sentir que las corvas[34] se le doblaban en el último esfuerzo. Al llegar al primer tejaván[35] se recostó sobre el pretil[36] de la acera y soltó el cuerpo, flojo, como si lo hubieran descoyuntado[37].

---

**30 a estas alturas:** by now, at this stage of the game **31balancear:** to rock, swing **32 sollozar:** to sob **33 retacar:** to compact, compress **34 corva:** back of the knee **35 tejaván:** in Mexico, a shed **36 pretil:** parapet, guard rail **37 descoyuntar:** to dislocate a joint, or take something apart

Destrabó[38] difícilmente los dedos con que su hijo había venido sosteniéndose de su cuello y, al quedar libre, oyó cómo por todas partes ladraban los perros.

—¿Y tú no los oías, Ignacio? —dijo—. No me ayudaste ni siquiera con esta esperanza.

**FIN**

*No oyes ladrar los perros,* de Juan Rulfo. Incluido en *El llano en llamas.*

**38 destrabar:** to separate, detach

# GLOSARIO ESPAÑOL-ESPAÑOL

## PÁGINA 21
**1 pobre de ti (o de alguien):** expresión que se utiliza como advertencia o amenaza.
**2 trepar:** subir a lo alto de algo (un árbol, una pared, etc.) con ayuda de las manos y los pies.
**3 tambaleante:** se dice de algo que se tambalea; es decir, que se mueve de un lado a otro como si fuera a perder el equilibrio y a caerse en cualquier momento.
**4 llamarada:** llama grande y repentina que salta del fuego.
**5 rastro:** huellas o señales del paso o la existencia de algo o alguien en un lugar.

## PÁGINA 22
**6 recular:** dar marcha atrás, retroceder.
**7 paredón:** pared aislada o muro.
**8 temblar:** moverse el cuerpo con sacudidas regulares e involuntarias por causa del frío o de una emoción fuerte (miedo, nerviosismo, etc.).
**9 sacudida:** movimiento violento y rápido.
**10 ijar:** cada uno de los huecos que se encuentran a ambos lados del cuerpo, entre las últimas costillas y las caderas.
**11 espuela**: pieza de metal que llevan los jinetes en el calzado para dar un ligero golpecito al caballo y hacerle andar.
**12 trabar:** unir dos o más cosas, sujetándolas juntas de alguna manera.
**13 pescuezo:** cuello.
**14 zarandear:** mover algo o a alguien repetidamente y con cierta violencia de un lado hacia el otro.
**15 sonaja:** instrumento o juguete que suena al agitarlo debido a que lleva unas pequeñas piezas de metal, o cascabeles.
**16 reponerse:** recuperarse; es decir, volver a tener el estado (de salud, económico, de ánimo, etc.) que se tenía antes.

## PÁGINA 23
**17 enderezarse:** estirarse, ponerse recto o derecho.
**18 cerro:** montaña pequeña.
**19 quedita:** diminutivo de "queda"; referido a la voz, voz muy baja, que cuesta oírla.
**20 murmurar:** decir algo muy bajo y sin apenas vocalizar, de tal forma que resulta difícil la compresión.

## PÁGINA 24
**21 al cabo:** después de todo, en conclusión; expresión muy popular y caída en desuso.

**22 agarrotado:** referido al cuerpo o a un miembro del cuerpo: quedarse rígido y con poca o ninguna movilidad por causas diversas (frío, esfuerzo físico,...).
**23 difunto:** muerto.
**24 reconvenir:** reñir, reprender la conducta de alguien.
**25 mortificación:** cosa que mortifica, es decir, que causa una gran pena o disgusto.
**26 derrengarse:** lastimarse seriamente la espalda.
**27 maldecir:** renegar de algo o de alguien mediante una maldición. Una maldición es la expresión del deseo de que algo malo y dañino le suceda a alguien o a algo, manifestando así todo el enfado y el odio que sentimos.

## PÁGINA 25
**28 rabioso:** que tiene mucha rabia o ira; de carácter colérico y violento.
**29 sostén:** apoyo. Una persona es el sostén de otra cuando la mantiene económicamente.

## PÁGINA 26
**30 a estas alturas:** en estos momentos, llegadas las cosas a este punto.
**31 balancear:** hacer que algo o alguien se mueva de un lado a otro con movimiento de péndulo.
**32 sollozar:** llorar, emitir sollozos. Los sollozos son los sonidos que emitimos cuando lloramos.
**33 retacar:** comprimir el contenido de algo para poder llenarlo más.
**34 corva:** parte de atrás de la rodilla por donde ésta se dobla.
**35 tejaván:** término usado en México para referirse a una estructura que consta de un techado sin paredes y que sirve para protegerse o proteger algo del sol o la lluvia.
**36 pretil:** barandilla o muro pequeño que se pone en ciertos lugares como medida de seguridad para evitar caídas.
**37 descoyuntar:** sacar un hueso de su articulación. También separar o desmontar las piezas de un objeto.

## PÁGINA 27
**38 destrabar:** desunir, separar lo que estaba trabado.

# EJERCICIOS DE EXPLOTACIÓN DIDÁCTICA

## A. Elija la respuesta adecuada según el texto:

**1.** Los protagonistas que aparecen en el relato son:
   **a.** un padre que lleva a su hijo a cuestas.
   **b.** un hijo que lleva a su padre enfermo.
   **c.** un padre que lleva a su hijo en brazos.

**2.** El hijo repetía insistentemente a su padre que:
   **a.** no llegarían nunca.
   **b.** lo dejara y continuara solo.
   **c.** se encontraba muy mal.

**3.** Los protagonistas quieren llegar a Tonaya porque necesitan:
   **a.** la ayuda de algún médico.
   **b.** beber agua.
   **c.** encontrar a su madre y esposa.

**4.** El texto transmite la idea del arrepentimiento del hijo:
   **a.** al pedirle al padre que lo perdone.
   **b.** porque recuerda con pena el daño que le hizo a su madre.
   **c.** puesto que el padre nota cómo se echa a llorar.

**5.** El padre se dio cuenta de que habían llegado cuando:
   **a.** vio las luces de las casas.
   **b.** escuchó el ladrido de los perros.
   **c.** su hijo le avisó.

**B. Complete las palabras con las vocales que faltan y únalas con su definición:**

| | |
|---|---|
| 1. d_ f_ nt_ | a. Algo que se mueve de un lado a otro por falta de estabilidad o equilibrio. |
| 2. _ g_ ch_ rs_ | b. Referido a un perro, emitir su voz característica. |
| 3. l_ dr_ r | c. Parte del cuerpo humano o animal que va desde la nuca hasta el tronco. |
| 4. z_ r_ nd_ _ r | d. Mover a una persona o cosa de un lado para otro. |
| 5. _ nd_ r_ z_ rs_ | e. Referida a una persona, que está sin vida. |
| 6. p_ sc_ _ z_ | f. Ponerse derecho, desdoblarse. |
| 7. t_ mb_ l_ _nt_ | g. Encogerse, doblando mucho el cuerpo hacia la tierra. |

## C. Elija el tiempo verbal que le parezca más adecuado:

(1) *Estuve / Estoy* seguro de que, en cuanto (2) *se sienta / se siente* usted bien, (3) *volverá / volvería* a sus malos pasos. Eso ya no me (4) *ha importado / importa.* Con tal que (5) *se vaya / se va* lejos, donde yo no (6) *vuelvo / vuelva* a saber de usted. (7) *He maldecido / Maldecía* la sangre que usted (8) *tenía / tiene* de mí. La parte que a mí me (9) *tocaba / tocara* la he maldecido. He dicho: "¡Que se le (10) *pudre / pudra* en los riñones la sangre que yo le (11) *daba / di*!". Lo dije desde que (12) *supe / sabía* que usted (13) *anduvo / andaba* trajinando por los caminos, viviendo del robo y matando gente.

**D. Detecte los dos errores que se encuentran en cada frase:**

**1.** Allí estaba la luna. Enfrente a ellos. Una luna grande y colorada que los llenaba de luz los ojos.
**2.** Siguió caminando, con tropezones. Encogía el cuerpo y luego se enderezaba para volver tropezando de nuevo.
**3.** Y Tonaya no se ve, ni se oye ningún ruido que nos decía que es cerca.
**4.** Te he traído cargado desde horas y no te dejaré tirado aquí porque acaben contigo quienes sean.
**5.** Es ella la cual me da ánimos, no usted. Comenzando porque a usted no le debo sólo que puras dificultades.

**E. Complete los huecos con el pronombre adecuado. Elija entre _me, te, lo, la, le y se:_**

**1.** Aunque ....... ........ doblaban las piernas, no quería sentar........, porque después no hubiera podido levantar el cuerpo de su hijo.
**2.** Sabía cuándo ......... agarraba a su hijo el temblor por las sacudidas que ....... daba.
**3.** Esto que hago, no ....... hago por usted, ......... hago por su difunta madre. Ella ........ reconvendría si yo .......... hubiera dejado tirado allí.
**4.** A él también ........ tocó la mala suerte de encontrar........ con usted.
**5.** Aquí no hay agua. Y aunque ........ hubiera, no ......... bajaría a tomar agua. Nadie ........ ayudaría a subir....... otra vez y yo solo no puedo.
**6.** Tu madre no ........ tuvo más que a ti. El otro hijo que iba a tener ....... mató.

**F.** ¿*No oyes ladrar los perros* le parece un buen título para el relato? Explique el porqué de este título y proponga otros posibles títulos alternativos.

**G.** El padre aparece como un hombre justo, bueno y con principios morales. El hijo sin embargo se presenta como un ladrón y asesino despiadado.

1. ¿Encontraría usted alguna manera de explicar o justificar el comportamiento del hijo?

2. Imagine circunstancias en la vida del hijo que puedan explicar su forma de actuar. Apóyese en los datos que da el propio relato.

**H.** Invente un inicio para esta historia que explique la actividad del hijo, el grupo del que forma parte, cómo y por quién son atacados y la aparición del padre.

**I.** Debata con sus compañeros de clase sobre el peso del entorno y la genética en los comportamientos humanos. ¿Qué postura cree usted que está defendiendo este relato?

## SOLUCIONES EN LA PÁGINA 124

# RELATO 2

## La tía Celia
Ángeles Mastretta

## EL AUTOR
ÁNGELES MASTRETTA (1949, Puebla)

Ángeles Mastretta nació en la ciudad de Puebla en 1949. Forma parte de la generación de escritoras latinoamericanas que se empeñaron en subir al escenario a las mujeres de su tierra, creando personajes femeninos que llevaban las riendas de una vida que, en ocasiones, tocaba muy de cerca el realismo mágico a la vez que mezclaba la realidad social y política de su país. Entre sus libros más importantes están *Arráncame la vida* (1996) y *Mal de Amores* (1996). Su última novela, titulada *Maridos*, se publicó en 2007.

Mastretta, de formación periodística, es colaboradora de varios medios de comunicación en México y España. Su *blog* en el diario *El País* se llama Puerto Libre. Desde esa tribuna describe de forma poética paisajes mexicanos, desgaja las páginas de los libros que lee o reflexiona sobre sus viajes. Mastretta posee una de las voces más contundentes de las escritoras latinoamericanas actuales.

## PRESENTACIÓN
LA TÍA CELIA

El relato de Ángeles Mastretta se incluye en un libro, *Mujeres de ojos grandes*, que proporciona una serie de retratos femeninos con ciertos puntos en común. El principal es que todas son mujeres marcadas por la experiencia amorosa y por un valor en sus comportamientos que desafía las normas sociales de su época. Así es también en el caso de Celia. Pertenece a la alta burguesía de una ciudad de provincias, pero vivirá sin prejuicios una pasión amorosa con un español recién llegado, Diego, que parece hecho a su medida. Transcurren los años treinta.

Sin duda el lenguaje, que combina con soltura lo poético y lo coloquial, contribuye a ambientar esa pequeña sociedad burguesa en la que los secretos tienen las horas contadas y en la que asoman los conflictos de una identidad que México buscó definir en las primeras décadas del siglo XX. Esto se refleja también en el ámbito personal, pues Celia presume de unas raíces indígenas que no tiene, y a la vez se ve atraída e imita lo que señalaría su origen hispánico. México –como en algún momento hizo toda América–, defendió una esencia nacional, que de forma alternativa negaba a uno de esos dos componentes. Asumir la dualidad o el mestizaje planteaba conflictos dentro de la ideología nacida con la Revolución de 1910, cuando el país se refundaba tras un siglo de independencia. Sin embargo, tal conflicto no rebasa en el relato de Mastretta los límites de una pelea de enamorados. En cualquier caso, en mitad del romance, estalla la Guerra Civil española y Diego, asustado ante el compromiso matrimonial, prefiere esa guerra a las batallas del amor.

Cuando los amantes se reencuentren quince años después, Celia recordará las palabras de su padre: "el tiempo es una invención de la humanidad", una forma de decir, quizá, que lo que se mantiene vivo está siempre en tiempo presente. Por eso, la historia de nuestros protagonistas se desarrolla a base de saltos temporales y de elipsis que crean sensación de circularidad. Mastretta recurre a la repetición de elementos simbólicos cargados de referencias sentimentales y sexuales (las ruinas de Cacaxtla, los campanarios…) para mostrar la continuidad de esa pasión, hasta que se agota el tiempo, que no inventamos nosotros, pero que tenemos asignado. Esa es la única guerra que está perdida de antemano, como descubrirá Celia cuarenta años después.

## AUDIO 2
LA TÍA CELIA

**Locución:** Miriam Alcántara
**Acento:** Mexicano
**Duración:** 24'25"

## La tía Celia
Ángeles Mastretta

Se encontraron en el vestíbulo del Hotel Palace en Madrid. La tía Celia estaba pidiendo las llaves de su cuarto y lo sintió a sus espaldas. Algo había en el aire cuando él lo cortaba y eso no se olvida en quince años.

Oyó su voz como traída por un caracol de mar. Tuvo miedo.

—¿Quién investiga en tus ojos? —dijo rozándole[1] los hombros. Y ella volvió a sentir el escalofrío[2] que a los veinte años la había empujado hacia él. Fue un domingo. La tía Celia estaba sorbiendo[3] una nieve de limón, idéntica a la de las otras mujeres con las que revoloteaba[4] por la plaza haciendo un ruido de pájaros. Él se acercó con el novio de alguna y quedó presentado como Diego Alzina, el primo español que pasaba por México unas semanas. Saludó deslumbrando a cada una con un beso en la mano, pero al llegar a la tía Celia tropezó[5] con su mirada y le dijo: «¿Quién investiga en tus ojos?»

Entonces ella los mantuvo altos y contestó con la voz de lumbre que le había dado la naturaleza:

—Todavía no encuentro quién.

Se hicieron amigos. Iban todos los días a jugar frontón[6] en la casa de los Guzmán y bailaron hasta la madrugada en la boda de

---

**1 rozar:** to rub **2 escalofrío:** shiver **3 sorber:** to sip **4 revolotear:** to flutter, flit **5 tropezar:** to meet someone by chance, trip over something **6 frontón:** handball

Georgina Sánchez con José García el de los Almacenes García. Lo hicieron tan bien que fueron la pareja más comentada de la boda después de los novios, y al día siguiente, la pareja más comentada de la ciudad.

Entonces los españoles eran como diamantes, aun cuando hubieran llegado con una mano atrás y otra en la valija[7] de trapo. Así que cuando llegó Diego Alzina, que no conforme con ser español era rico y noble, según contaban sus primos, puso a la ciudad en vilo[8], pendiente de si se iba o se quedaba con alguna de las niñas que aprendían a cecear[9] desde pequeñas para distinguir la calidad de su origen.

La tía Celia empezó a tejer[10] una quimera[11] y Alzina a olvidarse de regresar a España en tres semanas. Estaba muy a gusto con aquella sevillana sin remiendos[12] que por casualidad había nacido entre indios, cosa que la hacía aún más encantadora porque tenía actitudes excéntricas como llorar mientras cantaba y comer con un montón de chiles que mordía entre bocado y bocado. «Gitana» le puso, y se hizo de ella.

Salían a caminar mañanas enteras por el campo que rodeaba la ciudad. La tía Celia lo hacía subir hasta la punta de lomas[13] pelonas que según ella se volverían pirámides con sólo quitarles la costra[14]. La tenía obsesionada un lugar llamado Cacaxtla sobre el que se paraba a imaginar la existencia de una hermosa civilización destruida.

---

7 **valija:** suitcase 8 **en vilo:** in suspense, on tenterhooks 9 **cecear:** to pronounce s as z, as is typical in most of Spain, except for Andalucía and the Canary Islands 10 **tejer:** to weave, knit 11 **quimera:** dream or hope that is unlikely to be realized 12 **sin remiendos:** without patches 13 **loma:** small hill 14 **costra:** crust

—Devastada por los salvajes, irresponsables y necios[15] de tus antepasados[16] —le dijo a Diego Alzina un mediodía de furia.

—No digas que fueron mis antepasados —contestó Alzina—. Porque yo soy el primer miembro de mi familia que visita este país. Mis antepasados no se han movido nunca de España. Tus antepasados, en cambio, Gitana, los tuyos sí eran unos destructores. Andaluces hambrientos que para no morirse entre piedras y olivos vinieron a ver qué rompían por la América.

—Mis antepasados eran indios —dijo la tía Celia. —¿Indios? —contestó Alzina—. ¿Y de dónde sacaste la nariz de andaluza?

—Tiene razón Diego —dijo Jorge Cubillas, un amigo de la tía Celia que caminaba cerca de ellos—. Nosotros somos españoles. Nunca nos hemos mezclado con indios. Ni es probable que nos mezclemos alguna vez. ¿O te casarías con tu mozo Justino?

—Ése no es un indio, es un borracho —dijo la tía Celia.

—Por indio, chula, por indio es borracho —replicó Cubillas—. Si fuera como nosotros, sería catador de vinos[17].

—Siempre me has de contradecir. Eres desesperante[18] —le reprochó la tía Celia—. Tú y todos me desesperan cuando salen con su estúpida veneración por España. España es un país, no es la luna. Y los mexicanos somos tan buenos para todo como los españoles.

—Quedemos en que fueron tus antepasados —dijo Alzina—. Pero ¿por qué no coincidimos en que si algo se destruyó es una

---

**15 necio:** stupid, foolish **16 antepasado:** ancestor **17 catador de vinos:** wine taster
**18 desesperante:** exasperating, infuriating

lástima y me das un beso de buena voluntad para cambiar de tema?

—No quiero cambiar de tema —dijo la tía Celia, tras una risa larga. Luego besó muchas veces al hombre aquel que de tan fino no parecía español sino húngaro.

Jorge Cubillas y los otros invitados al campo pregonaron[19] al día siguiente que la próxima boda sería la de ellos dos.

Entonces la mamá de la tía Celia pensó que por muy español que fuera el muchacho, sería mejor mandar a sus hijas menores como acompañantes, cada vez que Celia paseara con Alzina. No les fue difícil colocar a las niñas en el cine Reforma, con tres bolsas de palomitas[20] cada una y caminar todas las tardes por quién sabe dónde.

—¡Qué bien follan[21] las indias! —dijo él una vez, en la torre del campanario[22] de la iglesia de la Santísima.

Desde entonces encontraron en los campanarios el recoveco[23] que necesitaban a diario. Y caminaron hasta ellos de la mano y besándose en público como lo harían todos los jóvenes cuarenta años después. Pero en esa época, hasta por el último rincón de Puebla empezó a hablarse de los abusos[24] de Alzina y la pirujería[25] de la tía Celia.

Un día Cubillas encontró a la mamá de la tía llorando a su hija como a una muerta, después de recibir a una visita que, con las mejores intenciones y sabiendo que ella era una pobre viuda[26]

---

**19 pregonar:** to proclaim, make public **20 palomitas:** popcorn **21 follar:** vulgar term for having sex, making love **22 campanario:** bell tower **23 recoveco:** nook, cranny **24 abusos:** excesses **25 pirujería:** sluttiness **26 viuda:** widow

sin respaldo[27], tuvo la amabilidad de informarle algunas de las historias que iban y venían por la ciudad arrastrando la reputación y devastando el destino de Celia.

—A la gente le cuesta trabajo soportar la felicidad ajena[28] —le dijo Cubillas para consolarla—. Y si la felicidad viene de lo que parece ser un acuerdo con otro, entonces simplemente no es soportable.

Así estaban las cosas cuando en España estalló una guerra. La célebre república española estaba en peligro, y Alzina no pudo encontrar mejor motivo para escaparse de la dicha[29] que aquella desgracia llamándolo a la guerra como a un entretenimiento menos arduo[30] que el amor.

Se lo dijo a la tía Celia de golpe y sin escándalo, sin esconder el consuelo que sentía al huir de la necesidad que ella le provocaba. Porque el apuro[31] por ella lo estaba volviendo obsesivo y celoso, tanto que contra todo lo que pensaba, se hubiera casado con la tía completa en menos de un mes, para que en menos de seis la rutina lo hubiera convertido en un burócrata doméstico que de tanto guardar una mujer en su cama termina viéndola como si fuera una almohada.

Hacía bien en irse y así se lo dijo a la tía Celia, quien primero lo miró como si estuviera loco y luego tuvo que creerle, como se cree en los temblores[32] durante los minutos de un temblor. Se fue sobre él a mordidas[33] y rasguños[34], a insultos y patadas, a

---

**27 respaldo:** help, support **28 ajena:** of others, not one's own **29 dicha:** happiness, good fortune **30 arduo:** difficult, arduous **31 apuro:** rush, urgency **32 temblor:** tremor, minor earthquake **33 mordida:** bite (in Spain: mordisco) **34 rasguño:** scratch, scratch mark

lágrimas, mocos[35] y súplicas[36]. Pero de todos modos, Diego Alzina logró huir del éxtasis.

Después, nada. Tres años oyó hablar de la famosa guerra, sin que nadie nombrara jamás la intervención de Alzina. A veces lo recordaba bien. Iba despacio por las calles que cada tanto interrumpe una iglesia, y a cada iglesia entraba a rezar un Ave María para revivir la euforia de cada campanario. Se volvió parte de su mala fama el horror que provocaba mirarla, hincada[37] frente al Santísimo, diciendo oraciones extrañas, al mismo tiempo que su cara toda sonreía con una placidez indigna de los místicos.

—Mejor hubiera hecho quedándose —decía la tía Celia—. Nada más fue a salar[38] una causa noble. Quién sabe ni qué habrá sido de él. Seguro lo mataron como a tantos, para nada. Pero la culpa la tengo yo por dejarlo ir vivo. Cómo no le saqué un ojo, cómo no le arranqué el pelo, el patriotismo —decía llorando.

Así pasó el tiempo hasta que llegó a la ciudad un pianista húngaro dueño de unas manos hermosas y un gesto tibio[39] y distraído.

Cuando la tía Celia lo vio entrar al escenario del Teatro Principal, arrastrando la delgadez de su cuerpo infantil, le dijo a su amigo Cubillas:

—Este pobre hombre está como mi alma.

Diez minutos después, la violenta música de Liszt lo había convertido en un gran señor. La tía Celia cerró los treinta y

35 **mocos:** snot 36 **súplica:** entreaty, plea 37 **hincar:** to kneel down, kneel on one knee 38 **salar:** to mess up or ruin 39 **tibio:** tepid, lukewarm

cuatro años de sus ojos y se preguntó si aún habría tiempo para ella. Al terminar el concierto le pidió a Jorge Cubillas que le presentara al hombre aquel. Cubillas era uno de los fundadores de la Sociedad de Conciertos de Puebla. Para decir la verdad, él y Paco Sánchez eran la Sociedad de Conciertos misma. Su amistad con la tía Celia era una más de las extravagancias[40] que todo el mundo encontraba en ellos dos. Tenían distinto sexo y la cabeza les funcionaba parecido, eran tan amigos que nunca lo echaron a perder[41] todo con la ruindad[42] del enamoramiento. Es más, Cubillas se había empeñado en contratar al húngaro que conoció en Europa porque tuvo la certidumbre[43] de que haría un buen marido para Celia.

Y tuvo razón. Se casaron veinte días después de conocerse. La tía Celia no quiso que la boda fuera en Puebla porque no soportaba el olor de sus iglesias. Así que le dio a su madre un último disgusto yéndose de la ciudad con el pianista que apenas conocía de una semana.

—No sufra, señora —le decía Cubillas, acariciándole una mano—. En seis meses estarán de regreso y el último de los ociosos[44] habrá abandonado el deber de preocuparse por la reputación y el destino de Celia. A las mujeres casadas les desaparece el destino. Aunque sólo fuera por eso, estuvo bien casarla.

—Te hubieras casado tú con ella —dijo la madre. —Yo todo quiero menos pelearme, señora. Celia es la persona que más amo

---

**40 extravagancia:** outrageous or extravagant act **41 echar a perder:** to spoil or ruin something, throw it all away **42 ruindad:** vileness, nastiness **43 certidumbre:** certainty **44 ocioso:** idle, indolent

en el mundo.

La tía Celia y el húngaro regresaron al poco tiempo. Pasaron el verano bajo la lluvia y los volcanes de Puebla y luego volvieron al trabajo de recorrer teatros por el mundo. Ni en sus más drásticas fantasías había soñado algo así la tía Celia.

En noviembre llegaron a España, donde los esperaba Cubillas con una lista de los últimos bautizos, velorios[45] y rompimientos[46] que habían agitado a la ciudad en los cuatro meses de ausencia. Fueron a cenar a Casa Lucio y volvieron como a la una de la mañana. A esa hora, el buen húngaro besó a su mujer y le pidió a Cubillas que lo perdonara por no quedarse a escuchar los milagros y la vida de tanto desconocido.

A Jorge y la tía Celia les amaneció en el chisme[47]. Como a las seis de la mañana el pianista vio entrar a su mujer brillante de recuerdos y nostalgias satisfechas.

Al principio se comunicaban en francés, pero los dos sabían que algo profundo del otro desconocerían hasta no hablar su lengua. La tía, que era una memoriosa, aprendió en poco tiempo un montón de palabras y hacía frases y breves discursos mal construidos con los que seducía al húngaro concentrado casi siempre en aprender partituras[48]. Hacían una pareja de maneras suaves y comprensiones vastas. La tía Celia descubrió que había en el mundo una manera distinta de buscarse el aliento[49]:

—Digamos que menos enfática —le confesó a Cubillas cuando

---

**45 velorio:** wake **46 rompimiento:** separation **47 chisme:** gossip **48 partitura:** musical score
**49 aliento:** stimulus or motivation

cerca de las cuatro de la mañana la conversación llegó por fin a lo único que habían querido preguntarse y decir en toda la noche.

—Ya no lo extraño[50] ni con aquí ni con acá —dijo la tía Celia señalándose primero el corazón de arriba y después el de abajo. Cuando me entere de dónde está enterrado[51] voy a ir a verlo sólo para darle el disgusto de no llorar una lágrima. Tengo la paz, ya no quiero la magia.

—Ay, amiga —dijo Cubillas—. Donde hay rencor[52] hay recuerdo.

—Te vemos felices —dijo el húngaro cuando ella se metió en la cama pegándose a su cuerpo delgado.

—Sí, mi vida, me veo feliz. Estoy muy feliz. Boldog vagyok —dijo, empeñada en traducirse.

Doce horas después, la tía regresaba de hacer compras cargando un montón de paquetes y emociones frívolas, cuando oyó a sus espaldas la voz de Alzina. Decía su padre que el tiempo era una invención de la humanidad: nunca creyó ese aforismo[53] con tantas fuerzas.

—¿Quién investiga en tus ojos? —sintió la voz a sus espaldas.

—No te acerques —dijo ella, sin voltear[54] a mirarlo. Luego soltó los paquetes y corrió, como si la persiguieran a caballo. «Si volteas para atrás te conviertes en estatua de sal», pensó mientras subía por las escaleras al cuarto de Cubillas. Lo despertó en lo más sagrado de su siesta.

---

**50 extrañar:** to miss someone **51 enterrar:** to bury **52 rencor:** bitterness, resentment
**53 aforismo:** saying, maxim **54 voltear:** to turn, turn around

—Ahí está —le dijo, temblando—. Ahí está. Sácame de aquí. Llévame a Fátima, a Lourdes, a San Pedro. Sácame de aquí.

Cubillas no le tuvo que preguntar de quién hablaba. —¿Qué haremos? —dijo tan horrorizado como la tía Celia—. ¿Qué se le ofrece?

—No sé —dijo la tía Celia—. Escapé antes de verlo.

Mientras ellos temblaban, Alzina recogió los bultos[55] tirados por la tía Celia, preguntó el número de su habitación y fue a buscarla.

El húngaro abrió la puerta con su habitual sosiego[56].

—¿En qué puedo servirle? —preguntó.

—Celia Ocejo —dijo Alzina.

—Es mi esposa —contestó el húngaro.

Sólo entonces Alzina se dio cuenta de que su amor por la Gitana llevaba años en silencio y que era más o menos lógico que ella se hubiera hecho de un marido.

—Me ofrecí a subir sus paquetes. Somos amigos. Lo fuimos.

—Tal vez está con Cubillas. ¿Usted conoce Cubillas? —dijo el húngaro en español—. Es un poblano[57] amigo nuestro que llegó apenas ayer, creo que aún no terminan de chismear —agregó en francés, con la esperanza de ser entendido.

Alzina entendió Cubillas y pidió al húngaro que le escribiera el número de su cuarto en un papel. Luego le entregó los paquetes,

---

le sonrió y se fue corriendo.

Tocó en la puerta del cuarto 502 como si adentro hubiera sordos. Cubillas le abrió rezongando[58].

—¡Qué escándalo! Te vas quince años y quieres regresar en dos minutos —dijo.

Alzina lo abrazó viendo sobre sus hombros a la tía Celia que estaba tras de Cubillas con los ojos cerrados y las manos cubriéndole la cara.

—Vete, Alzina —dijo—. Vete, que si te miro perjudico[59] lo que me queda de vida.

—India tenías que ser —le dijo Alzina. Y con eso bastó para que la tía se fuera sobre él a patadas y rasguños con la misma fiereza[60] que si hubieran dormido juntos durante quince años.

Cubillas escapó. Un griterío de horror salía del cuarto estremeciendo[61] el pasillo. Se dejó caer de espaldas a la puerta y quedó sentado con las piernas encogidas. No entendía gran cosa porque los gritos se encimaban[62]. La voz de la tía Celia a veces era un torbellino de insultos y otras un susurro atropellado[63] por la furia hispánica de Alzina.

Como una hora después, los gritos fueron apagándose hasta que un hálito[64] de paz empezó a salir por debajo de la puerta. Entonces Cubillas consideró una indiscreción quedarse escuchando el silencio y bajó al segundo piso en busca del pianista.

Estaba poniéndose el frac[65], no encontraba la pechera[66] y se

---

**58 rezongar:** to grumble, complain under one's breath **59 perjudicar:** to damage **60 fierza:** ferocity **61 estremecer:** to cause to shudder **62 encimarse:** to clash, coincide **63 atropellar:** to knock down, ride roughshod over **64 hálito:** breath, gentle breeze **65 frac:** tuxedo, tail coat **66 pechera:** chest cloth

sentía incapaz de hacerse la corbata.

—Esta mujer me ha convertido en un inútil —le dijo a Cubillas—. Tú eres testigo de que yo salía bien vestido a mis conciertos antes de conocerla. Me ha vuelto un inútil. ¿Dónde está?

Cubillas le encontró la pechera y le hizo el moño[67] de la corbata.

—No te preocupes —inventó—. Se fue con Maicha su amiga y con ella no hay tiempo que dure. Si no llegan pronto, nos alcanzan en el concierto.

El pianista oyó la excusa de Cubillas como quien oye una misa en latín. Se peinó sin decir palabra y sin decir palabra pasó todo el camino al concierto. Cubillas se dio la responsabilidad de llenar el silencio. Años después todavía recordaba, avergonzado, la sensación de loro[68] que llegó a embargarlo[69].

El último Prokofiev salía del piano, cuando Celia Ocejo entró al palco[70] en que estaba Cubillas. Segundos después, todo el teatro aplaudía.

—Mil gracias —le dijo la tía Celia a su amigo—. Nunca voy a tener con qué pagarte.

Desde el escenario los ojos de su marido la descubrieron como a un refugio[71], ella le aplaudió tanto que lo hizo sentarse a tocar el primer encore de su vida.

—Me lo podrías contar todo —dijo Cubillas—. Sería un buen pago.

—Pero no puedo —contestó la tía Celia con la boca encendida

---

**67 moño:** knot **68 loro:** parrot **69 embargar:** to overcome, overwhelm **70 palco:** box seat **71 refugio:** shelter, refuge

por quién sabía qué.

Cuéntame —insistió Cubillas—, no seas díscola⁷².

—No —dijo la tía levantándose para aplaudir a su marido.

Jamás en 40 años volvieron a tocar el tema. Sólo hasta hace poco, cuando los antropólogos descubrieron las ruinas de una civilización enterrada en el valle de Cacaxtla, la tía le dijo a su amigo mientras paseaban sobre el pasado:

—Escríbele a Diego Alzina y cuéntale hasta dónde yo tenía razón.

¿Cuál Diego? —preguntó el húngaro, en perfecto español.

—Un amigo nuestro que ya se murió —contestó Cubillas.

La tía Celia siguió caminando como si no hubiera oído.

—¿Cómo lo supiste? —preguntó después de un rato con la cabeza llena de campanarios.

—Ustedes —dijo el húngaro— se van a morir jaloneándose⁷³ un chisme.

—No creas —le dijo la tía Celia, en perfecto húngaro—. Yo acabo de perder la guerra.

—¿Qué le dijiste? —le preguntó Cubillas a la tía Celia.

—No te lo puedo decir —contestó ella.

## FIN

*La tía Celia,* de Ángeles Mastretta. Incluido en *Mujeres de ojos grandes.*

**72 díscola:** disobedient, defiant **73 jalonear:** to haggle, wrangle, bargain

# GLOSARIO ESPAÑOL-ESPAÑOL

## PÁGINA 41
**1 rozar:** tocar muy ligeramente una superficie con otra.
**2 escalofrío:** sensación de frío que produce una contracción repentina de los músculos del cuerpo como consecuencia de una emoción fuerte, una fiebre alta o frío.
**3 sorber:** beber un líquido aspirándolo.
**4 revolotear:** volar en un espacio reducido de un lado a otro.
**5 tropezar:** chocar o encontrarse los pies con algo mientras se camina y estar a punto de caer. También encontrarse con alguien por casualidad.
**6 frontón:** deporte que se juega golpeando una pelota contra una pared.
**7 valija:** maleta

## PÁGINA 42
**8 en vilo:** expresión popular para señalar que se tiene mucha inquietud.
**9 cecear:** hablar pronunciando la ´s` como la ´z` (o como la ´c` ante ´e`, ´i`). Sin embargo, en el texto cecear significa no sesear. Sesear es pronunciar la ´c` (ante ´e`, ´i`) y la ´z` como ´s`. El seseo es común en Latinoamérica, mientras que en España sólo se sesea en la mayor parte de Andalucía, Extremadura, Murcia y Canarias.
**10 tejer:** actividad que consiste en crear telas entrecruzando hilos o lanas con la ayuda de unas agujas especiales. Usado en sentido metafórico en el texto junto a quimera.
**11quimera:** sueño, ilusión o meta que nos proponemos pero que es casi imposible de alcanzar.
**12 sin remiendos:** el remiendo es un trozo de tela que se cose en una prenda de ropa que tiene algo roto; en el texto está usado metafóricamente para señalar que Alcina veía a Celia completamente sevillana, sin ningún rasgo de otro lugar.
**13 lomas:** montaña de muy poca altura, pequeña elevación del terreno.
**14 costra:** cubierta o corteza exterior que se forma de manera natural, especialmente en las heridas.

## PÁGINA 43
**15 necio:** tonto, ignorante, que actúa sin usar la razón.
**16 antepasado:** persona que vivió en el pasado y de la cual descendemos.
**17 catador de vinos:** persona experta que prueba los vinos para ver su calidad.
**18 desesperante:** dicho de algo o de alguien que nos desespera; es decir, que nos hace perder los nervios o la paciencia.

## PÁGINA 44

**19 pregonar:** difundir una noticia de forma oral y en voz alta para que todos se enteren.

**20 palomita:** grano de maíz tostado hasta transformarse en una pequeña masa esponjosa de color blanco; es muy común comerlas en las salas de cine.

**21 follar:** forma vulgar para denominar el acto sexual entre dos individuos.

**22 campanario:** lugar en lo alto de una iglesia donde se encuentran las campanas.

**23 recoveco:** lugar o rincón pequeño y escondido.

**24 abuso:** acción de excederse en algo, de sobrepasar los límites debidos.

**25 pirujería:** prostitución, "puterío".

**26 viuda:** mujer cuyo marido ha fallecido.

## PÁGINA 45

**27 respaldo:** apoyo, ayuda.

**28 ajeno:** de otros, que no es nuestro.

**29 dicha:** felicidad, alegría.

**30 arduo:** muy difícil, complicado o duro.

**31 apuro:** obsesión, conflicto, urgencia.

**32 temblor:** se denomina así a los terremotos de poca intensidad y a los movimientos de tierra que éstos producen.

**33 mordida:** en México, acción de morder; es decir, de clavar los dientes sobre algo o alguien. En España se llama *mordisco*. También se llama así a la lesión o herida que se produce.

**34 rasguño:** arañazo. Herida en la piel hecha con las uñas o por el roce con algún objeto.

**35 mocos:** secreción de las vías respiratorias que se expulsa por la nariz.

**36 súplica:** ruego o petición que se hace con humildad.

**37 hincada:** arrodillada, con las rodillas en el suelo.

**38 salar:** echar sal; en México se usa también con el sentido de "estropear" o "arruinar" algo.

**39 tibio:** entre frío y caliente.

## PÁGINA 47

**40 extravagancia:** cosa o acción rara en extremo, que se sale de lo común para llamar la atención por su originalidad.

**41 echar a perder:** estropear.

**42 ruindad:** acción vil y despreciable.

**43 certidumbre:** certeza, seguridad en el conocimiento de algo.

**44 ocioso:** desocupado, que tiene mucho tiempo libre para la diversión y el ocio.

## PÁGINA 48

**45 velorio:** acto que reúne durante la noche a los amigos y familiares de una persona que acaba de morir para acompañar a su familia y no dejar solo al cadáver.

**46 rompimiento:** ruptura, separación.

**47 chisme:** cotilleo; algo que se dice o se cuenta de alguien a sus espaldas, pudiendo ser cierto o no.

**48 partitura:** texto escrito de una composición musical.

**49 aliento:** impulso o estímulo para vivir.

## PÁGINA 49

**50 extrañar:** echar de menos, añorar.

**51 enterrar:** poner bajo tierra; refiriéndose a un cadáver, dar sepultura.

**52 rencor:** odio y resentimiento que guardamos cuando no olvidamos ni perdonamos algo sucedido en el pasado.

**53 aforismo:** frase breve que pretende expresar una verdad basándose en la experiencia.

**54 voltear:** dar la vuelta o girar algo. También, girar la cabeza o el cuerpo para mirar hacia atrás.

## PÁGINA 50

**55 bulto:** paquete, bolsa, maleta, etc.

**56 sosiego:** calma, tranquilidad.

**57 poblano:** nacido en la región o la ciudad de Puebla (México).

## PÁGINA 51

**58 rezongar:** protestar por lo bajo por no querer hacer algo, realizándolo al final de mala gana.

**59 perjudicar:** hacer o decir algo que causa daño o que tiene consecuencias negativas para alguien.

**60 fiereza:** agresividad, ferocidad.

**61 estremecer:** provocar el temblor de algo o alguien.

**62 encimarse:** elevarse, ponerse algo por encima de otra cosa.

**63 atropellar:** pasar por encima o echarse encima de algo o de alguien con mucha velocidad; es el verbo que se emplea para señalar que un coche se ha echado encima de una persona.

**64 hálito:** aliento, soplo suave de aire.

**65 frac:** traje de hombre, de gala, que es más largo por detrás que por delante.

**66 pechera:** tejido que se pone sobre el pecho.

## PÁGINA 52

**67 moño:** nudo o lazo, en este caso de la corbata; aunque también es habitual la palabra moño referida al pelo.

**68 loro:** ave con plumas de colores que tiene la capacidad de reproducir sonidos articulados y repite palabras de los humanos.

**69 embargar:** un sentimiento o una sensación nos embarga cuando domina o trastorna nuestros sentidos.

**70 palco:** especie de balcón en alto que hay en teatros y auditorios desde donde el público ve la representación.

**71 refugio:** lugar donde nos resguardamos para sentirnos seguros y confortables.

## PÁGINA 53

**72 díscola:** persona poco dócil y desobediente.

**73 jalonear:** regatear, discutir el precio de algo para conseguirlo más barato; usado en sentido figurado en el texto.

# EJERCICIOS DE EXPLOTACIÓN DIDÁCTICA

## A. Elija la respuesta adecuada según el texto:

**1.** Las jovencitas mexicanas aprendían a cecear para:
   **a.** disimular su origen azteca.
   **b.** diferenciarse de otras chicas.
   **c.** para mostrar su origen español.

**2.** Alzina comenta que sus antepasados no fueron los destructores de México ya que:
   **a.** sus familiares no eran andaluces que se morían de hambre.
   **b.** él es el primer miembro de su familia que visita México.
   **c.** su familia buscó fortuna en otros países.

**3.** La madre de Celia decidió que la pareja debía ir acompañada de las hermanas pequeñas de Celia para:
   **a.** que la pareja moderara su comportamiento impúdico en público.
   **b.** evitar habladurías y salvaguardar la reputación de su hija.
   **c.** que Alzina desistiera de mantener una relación con Celia.

**4.** Alzina se marcha a la guerra que había estallado en España:
   **a.** escapando así del amor obsesivo de Celia.
   **b.** para evitar caer en la monotonía del matrimonio.
   **c.** por amor a su patria.

**5.** Celia se reprocha:
   **a.** el haber dejado escapar al hombre de su vida.
   **b.** no haberse casado con él.
   **c.** no haberlo matado con sus propias manos.

**6.** Celia y el pianista se casaron después de:
   **a.** volver a Puebla.
   **b.** viajar por Europa.
   **c.** apenas tres semanas de noviazgo.

## B. Elija el tiempo adecuado:

Se *encontraban / encontraron (1)* en el vestíbulo del Hotel Palace en Madrid. La tía Celia *estaba / estuvo (2)* pidiendo las llaves de su cuarto y lo *sintió / sentía (3)* a sus espaldas. Algo *había / hubo (4)* en el aire cuando él lo *cortaba / cortó (5)* y eso no se *olvida / olvidará (6)* en quince años.

*Oyó / oía (7)* su voz como traída por un caracol de mar. *Tuvo / tiene (8)* miedo.

—¿Quién *ha investigado / investiga (9)* en tus ojos? —dijo rozándole los hombros. Y ella *volvió / vuelve (10)* a sentir el escalofrío que a los veinte años la *ha / había (11)* empujado hacia él. *Es / fue (12)* un domingo. La tía Celia *ha estado/ estaba sorbiendo (13)* una nieve de limón, idéntica a la de las otras mujeres con las que *revoloteaba / revoloteó* (14) por la plaza haciendo un ruido de pájaros. Él *se acercó / acercaba (15)* con el novio de alguna y *quedó / ha quedado (16)* presentado como

Diego Alzina, el primo español que *pasaba / pasa (17)* por México unas semanas. *Saludó / saludaba (18)* deslumbrando a cada una con un beso en la mano, pero al llegar a la tía Celia *tropezó / tropezaba (19)* con su mirada y le dijo: «¿Quién *investiga / investigó (20)* en tus ojos?» Entonces ella los *mantuvo / mantenía (21)* altos y *contestó / contestaba (22)* con la voz de lumbre que le *había / habría (23)* dado la naturaleza:

—Todavía no encuentro quién.

## C. Indique si las siguientes afirmaciones son verdaderas (V) o falsas (F):

**1.** Los españoles estaban muy bien considerados en México aunque fueran de origen humilde. **V / F**

**2.** La tía Celia es excéntrica  por la mezcla de sus antepasados. **V / F**

**3.** A la tía Celia le gustaba ir a Cacaxtla porque imaginaba que era un lugar en el que había enterrada una civilización.  **V / F**

**4.** Celia empezó a tener mala fama en Puebla porque los amantes fueron sorprendidos en un campanario. **V / F**

**5.** Cubillas y Celia tenían en común el modo de pensar. **V / F**

**6.** Cubillas contrató al pianista húngaro porque estaba convencido de que podía ser un marido para Celia. **V / F**

**7.** Cubillas se quedó tras la puerta escuchando la discreta discusión entre los antiguos novios. **V / F**

**8.** El pianista húngaro ofreció, por primera vez en su vida, un bis en el concierto al ver aplaudir tanto a su esposa. **V / F**

## D. Relacione las siguientes expresiones con su significado en el texto e insértelas después en las frases:

| | |
|---|---|
| 1. Con una mano atrás y otra en la valija de trapo | a. Sin enterarse de nada |
| 2. A las mujeres casadas les desaparece el destino | b. Recordando experiencias pasadas |
| 3. Una manera distinta de buscarse el aliento | c. Hombre casado, casero y aburrido |
| 4. Tengo la paz, ya no quiero la magia | d. Sin recursos económicos |
| 5. El tiempo era una invención de la humanidad | e. La tuvo alborotada, expectante |
| 6. Como quien oye una misa en latín | f. El puterío |
| 7. Con la cabeza llena de campanarios | g. Estoy feliz con lo que tengo, estoy quizá sin pasión pero con tranquilidad |
| 8. Puso a la ciudad en vilo | h. Una vez que contraen matrimonio ya no tienen nada más que esperar |
| 9. La pirujería de la tía | i. Un modo diferente de vivir el amor |
| 10. Burócrata doméstico | j. Es totalmente subjetivo |

**11.** La vida le hubiera convertido en un .................... terminando por ver a su mujer como una almohada.

**12.** Los españoles aunque hubieran llegado ............................. eran considerados diamantes.

**13.** Cuando llegó el español ..........................

**14.** No sufra, en seis meses estarán de regreso y se habrá abandonado la preocupación por la reputación y el destino de Celia. ........................ ..............

**15.** Hasta por el último rincón de Puebla empezó a hablarse de los abusos de Alzina y ..............

**16.** Celia descubrió que había en el mundo ....................................

**17.** Cuando me entere de dónde está enterrado voy a ir a verlo sólo para
     darle el disgusto de no llorar una lágrima ....................................

**18.** Decía su padre que .............................................: nunca creyó ese
     aforismo con tantas fuerzas.

**19.** El pianista oyó la excusa de Cubillas ..........................

**20.** ¿Cómo lo supiste?-preguntó La tía Celia después de un rato
     ........................

**F.** Diego Alzina, a pesar del amor que siente por Celia, decide marcharse
    de México para participar en la Guerra Civil Española ¿Cuáles cree que
    son las verdaderas razones que le llevan a hacerlo?

**G.** ¿Qué significado tenía, en una sociedad como la que se describe en
    el cuento, el pasado y el futuro de una mujer? Imagine y escriba cómo
    hubiera continuado la vida de Celia si no se hubiera casado con el pianista.

**H.** En el texto se dice que la pareja se comunica en francés, pero que
    saben que hasta que no hablen la lengua del otro, algo profundo
    se les escapará. ¿Cree que las parejas de distintas culturas tienen
    que sortear más dificultades que aquellas que vienen de la misma?
    ¿Qué importancia puede tener el idioma?

I. La tarde en la que Diego y Celia se reencontraron, el pianista tenía un concierto, al que su esposa llegó tarde. Al final del mismo, el pianista ofreció el primer bis de su vida. ¿Qué relación cree que hay entre los dos hechos? ¿Cree que el húngaro nunca llegó a enterarse de lo que realmente pasó o que prefirió hacer como si no se hubiera enterado?

J. ¿Qué cree que significan las palabras del final "No creas" – le dijo la tía Celia, en perfecto húngaro– . Yo acabo de perder una guerra"?

K. Alcina es una especie de Don Juan apasionado, que sabe enamorar a las mujeres, pero no quiere comprometerse ni quiere estar demasiado tiempo con ninguna. ¿Es habitual este tipo de hombre en la sociedad? ¿Por qué? Haga un debate con sus compañeros de clase sobre este tema.

**SOLUCIONES EN LA PÁGINA 124**

# RELATO 3

## Tenga para que se entretenga
José Emilio Pacheco

## EL AUTOR
JOSÉ EMILIO PACHECO (México DF, 1939)

José Emilio Pacheco, ganador del Premio Cervantes 2010 y del Reina Sofía de Poesía en 2009, es un poeta, ensayista, traductor, novelista y cuentista mexicano que pertenece a la Generación de los 50. En sus 14 poemarios, desde *Los elementos de la noche* (escrito a los 20 años) hasta los dos últimos, *La edad de las tinieblas* (a medio camino entre la poesía y la prosa) y *Como la lluvia,* queda registrada la coherencia vital de un hombre sencillo, de un artesano humilde de la literatura. Destacan, entre sus libros en prosa, *El viento distante y otros relatos* (1963), *Morirás lejos* (1967), *El principio del placer* (1972) y *Batallas en el desierto* (1981).

Obtuvo el reconocimiento como hombre de letras muy joven y, aunque su verdadera vocación nace del verso, su prosa lo iguala con un lenguaje sin artificio y se concibe como un "simple traductor de lo que le es dado percibir". Cercano, consciente y comprometido con los problemas de la época que le ha tocado vivir, Pacheco vuelca en sus narraciones lo que ve, y se aleja de la multitud literaria, extrañado, cuando ésta le devuelve en forma de premios, admiración y afecto la simpatía unánime que ha ido ganando en toda su carrera.

## PRESENTACIÓN
TENGA PARA QUE SE ENTRETENGA

El texto de José Emilio Pacheco echa mano de un viejo recurso literario para disimular su carácter fantástico. Alguien, de quien apenas sabremos nada y por una razón que ignoramos, ha encargado a un detective un informe sobre un extraño acontecimiento ocurrido muchos años atrás en México capital. Las circunstancias de aquel caso han permanecido ocultas y solo ahora el detective se atreve a revelarlas. Lo va a hacer con la frialdad del profesional, pese a que nada en su larga experiencia le ha provocado mayor asombro. Los lectores, pues, accedemos así a una historia que, en apariencia, no está destinada a nosotros, pero nosotros, lectores acostumbrados a las pequeñas trampas de la ficción, vulneramos la confidencialidad del informe. También queremos saber lo que pasó, conocer el misterio que se anuncia. Cómo resistir la invitación: "Tenga para que se entretenga".

He aquí los ingredientes del drama: una madre y un hijo pasean por el Bosque de Chapultepec; el niño se entretiene jugando cuando aparece un hombre con aires de otra época. Tras intercambiar unas palabras, la madre, confiada, deja que su hijo se marche con él. En la reconstrucción de aquellas horas, los detalles que antes pasaron desapercibidos cobran significado y los comportamientos se rebelan irracionales. Es entonces, cuando aparece el terror ante lo inexplicable y cuándo vemos cómo se crea una versión oficial de lo sucedido.

Junto al misterio habita la Historia y junto a lo fantástico la realidad más cruda. Las relaciones del padre del niño con un político relevante (y real) del México de los años 40 le servirán a Pacheco para poner al descubierto las estructuras del régimen nacido tras la revolución de 1910. Sin demasiado énfasis, con la naturalidad que aporta ese detective, accedemos a los mecanismos por los que se ejerce el poder, se controla la prensa, se manipula la opinión pública o se sacrifican víctimas inocentes. Por otro lado, las referencias a personajes históricos, así como el propio escenario de los hechos, tejen un telón de fondo que logra vincular el pasado con el presente.

Quizá uno de los rasgos que hace más original y sugerente este relato sea la gran habilidad de Pacheco para fusionar lo realista y lo fantástico, lo histórico y lo legendario hasta hacerlos parecer una misma cosa. Por eso el cuento contiene la exactitud de lo concreto y la imprecisión de lo mítico y nos sumerge de lleno en la duda sobre la validez de cualquier versión, incluso de la más aparentemente objetiva. La verdad, la auténtica verdad, al final, siempre se escapa. En ocasiones queda algún rastro: un periódico y una flor.

## AUDIO 3
TENGA PARA QUE SE ENTRETENGA

**Locución:** Daniel Ramírez
**Acento:** Mexicano
**Duración:** 22'55"

# Tenga para que se entretenga
José Emilio Pacheco

*Estimado señor:*

*Le envío junto con estas líneas el informe confidencial que me solicitó. Espero que lo encuentre de su entera satisfacción.*

*Incluyo[1] recibo timbrado[2] por $ 1 200.00 (un mil doscientos pesos moneda nacional) que le ruego se sirva cubrir[3] por cheque, giro[4] o personalmente en estas oficinas.*

*Advertirá[5] usted que el precio de mis servicios profesionales excede ligeramente lo convenido[6]. Ello se debe a que el informe salió bastante más largo y detallado de lo que supuse en un principio. Tuve que hacerlo dos veces para dejarlo claro, ante lo difícil y aun lo increíble del caso. Redactarlo, dicho sea entre paréntesis, me permitió practicar mi hobby, que consiste en escribir —sin ningún ánimo de publicación, por supuesto.*

*En espera de sus noticias, me es grato[7] saludarle y ponerme a su disposición como su affmo. y ss.*

*Ernesto Domínguez Puga*
*Detective Privado.*

**1 incluir:** to include **2 recibo timbrado:** official bill, receipt **3 cubrir:** to cover, pay **4 giro postal:** money order **5 advertir:** to notice **6 convenir:** to convey **7 me es grato:** it pleases me

## Informe confidencial

El 9 de agosto de 1943 la señora Olga Martínez de Andrade salió de su domicilio en Tabasco 106, colonia Roma, acompañada por su hijo de seis años, Rafael Andrade Martínez. La señora tenía una invitación para comer en casa de su madre, doña Caridad Acevedo de M., que habitaba en Gelati número 36 bis, Tacubaya. Aprovechando la hora temprana y la cercanía decidió llevar a su niño a Chapultepec.

Rafael estuvo muy contento jugando en las resbaladillas[8] y columpios[9] del sector de Chapultepec conocido en aquel entonces como Rancho de la Hormiga, atrás de la residencia presidencial de Los Pinos. Después caminaron hacia el lago por la Calzada de los Filósofos y se detuvieron un instante en la falda[10] del cerro[11].

Cierto detalle que incluso ahora, tantos años después, pasa inadvertido[12] a los transeúntes[13], llamó inmediatamente la atención de Olga: los árboles que crecen allí tienen formas extrañas, sobrenaturales se diría. No pueden atribuirse[14] al terreno caprichoso[15] ya que parecen aplastados[16] por un peso invisible. Tampoco a la antigüedad, pues —nos informó la administración del Bosque— tales árboles no son vetustos[17] como los ahuehuetes[18] de las cercanías: datan del siglo XIX. El archiduque Maximiliano ordenó sembrarlos en vista de que[19] la zona fue devastada en 1847 a consecuencia de la batalla de Chapultepec y la toma del Castillo por el ejército norteamericano.

---

**8 resbaladilla:** children's slide **9 columpio:** swing **10 falda:** hillside **11 cerro:** hill **12 pasar inadvertido:** to go unnoticed **13 transeúnte:** passerby, pedestrian **14 atribuir:** to attribute to **15 caprichoso:** irregular, erratic **16 aplastado:** flattened **17 vetusto:** ancient **18 ahuehuete:** species of tree native to Mexico **19 en vista de que:** given that

Rafael estaba cansado y se tendió[20] de espaldas en la hierba. Su madre tomó asiento en el tronco vencido de uno de aquellos árboles que, si usted perdona la pobreza de mi vocabulario, calificaré otra vez de sobrenaturales.

Transcurrieron varios minutos. Olga sacó su reloj. Acercándoselo mucho a los ojos vio que eran las dos y dijo que ya debían irse a casa de la abuela. Rafael le suplicó[21] que lo dejara un rato más. La señora aceptó de mala gana, inquieta porque en el camino se habían cruzado con varios aspirantes a torero quienes, ya desde entonces, hacían sus prácticas cerca de la colina en unos estanques perpetuamente[22] secos, muy próximos también al sitio que se asegura fue el baño de Moctezuma.

Para esas horas Chapultepec había quedado desierto. Ya no se escuchaba ruido de automóviles ni rumor de lanchas en el lago. Con una ramita, el niño se divertía en poner obstáculos al desplazamiento de un caracol. De pronto se abrió un rectángulo de madera oculto bajo la hierba rala[23] del cerro y apareció un hombre que dijo a Rafael:

—Déjalo, no lo molestes. Los caracoles no muerden y conocen el reino de los muertos.

Salió del subterráneo, fue hacia la señora, le tendió un periódico doblado en dos y una rosa con un alfiler[24]:

—Tenga para que se entretenga. Tenga para que se la prenda[25].

Olga dio las gracias, muy confundida por la brusquedad de la

---

**20 tenderse:** to lie down **21 suplicar:** to beg, plead **22 perpetuamente:** perpetually **23 ralo:** sparse **24 alfiler:** pin **25 prender:** to pin or hang

aparición y las desusadas aunque cordiales palabras del recién llegado. El hombre respondió con una sonrisa y una reverencia[26]. Olga pensó que sería un vigilante, un guardián del Castillo. La sorprendió —insisto— hallarlo tan amable.

Rafael se había acercado al hombre y lo tironeaba de la manga.

—¿Ahí vives?— preguntó.

—No: más abajo, más adentro.

—¿De veras?

—Sí.

—¿Y no tienes frío?

—No.

—Llévame a conocer tu casa. Mamá, ¿me das permiso?

—Rafaelito, por favor, no molestes. Dale las gracias al señor y vámonos ya, pues tu abuelita nos está esperando.

—Permítale asomarse, señora. No lo deje con la curiosidad.

—Pero Rafaelito, debe de estar muy oscuro. ¿No te da miedo?

—No mamá.

La señora miró al hombre con un gesto de resignación y asintió[27]. Rafael tendió la mano al guardia, quien dijo antes de iniciar el descenso:

—Ya volveremos: usted no se preocupe.

—Cuídelo mucho por favor.

—Nada más le voy a enseñar la boca del túnel.

---

**26 reverencia:** bow **27 asentir:** to nod agreement

Según el testimonio de parientes y amigos, Olga fue siempre muy distraída[28]. Así, juzgó normal la curiosidad del niño, aunque contradictoriamente —y disculpe usted la insistencia— no dejó de extrañarle la cortesía del vigilante. Guardó la flor en su bolsa y desdobló el periódico. No pudo leerlo pues si bien apenas tenía veintisiete años ya necesitaba lentes[29] bifocales y no le gustaba usarlos en lugares públicos.

Pasó un cuarto de hora. Su hijo no regresaba. Olga se inquietó y fue hasta la entrada del pasadizo[30]. No pudo bajar: la oscuridad la atemorizó. Entonces gritó a Rafael y al hombre que se lo había llevado. Sintió terror porque nadie contestaba. Corrió hacia los estanques secos. Dos aprendices de novillero[31] practicaban allí. Entre sollozos[32] Olga les pidió ayuda y les informó de lo sucedido.

Llegaron rápidamente al sitio de los árboles aplastados. Los torerillos cruzaron miradas al ver que no había ninguna boca de ningún subterráneo. Buscaron a gatas[33] sin encontrar nada. No obstante, en manos de Olga estaban la rosa, el alfiler, el periódico, y en el suelo la ramita con que había jugado Rafael.

Supondrá usted que a estas alturas la señora gritaba y gemía[34], presa de[35] un verdadero shock. Los torerillos comenzaron a tomar en serio lo que habían creído una broma y una posibilidad de aventura. Uno de ellos se apresuró a hablar por teléfono en un puesto a orillas del lago. Otro permaneció al lado de la mujer

---

**28 distraído:** distracted **29 lentes:** glasses **30 pasadizo:** passageway **31 novillero:** apprentice bullfighter **32 sollozo:** sobbing **33 a gatas:** on hands and knees **34 gemir:** to moan **35 (estar) preso de:** to be overcome by

para intentar calmarla.

Veinte minutos después se presentó en Chapultepec el ingeniero Andrade, esposo de Olga y padre del niño. En seguida aparecieron policías, vigilantes del Bosque, la abuela, parientes, amistades, así como la muchedumbre[36] de curiosos  que siempre parece estar invisiblemente al acecho[37] en todas partes y se materializa cuando sucede algo fuera de lo común.

El ingeniero tenía negocios y estrecha amistad con el general Maximino Ávila Camacho, hermano del Señor Presidente y por entonces —como usted recordará— ministro de Comunicaciones y la persona más importante del régimen. Bastó una llamada telefónica del general para movilizar a más o menos la mitad de todos los efectivos[38] policiacos, cerrar el Bosque, expulsar a los curiosos, detener e interrogar a los torerillos. Don Maximino, que en paz descanse, envió a uno de sus ayudantes a mi oficina de las calles de Palma. (Yo le había hecho servicios confidenciales de la índole[39] más delicada y tuve el honor de disfrutar de su confianza.) Dejé todos mis quehaceres[40] para salir rumbo a Chapultepec en un coche del ministerio.

Cuando llegué serían las cinco de la tarde. Continuaba la búsqueda. Pero todo fue en vano[41]: no se encontró ninguna pista. Como siempre, los uniformados y los agentes secretos trataron de impedir mi labor. Pero el ayudante de don Maximino facilitó las cosas, y pude comprobar que en la tierra había huellas del niño,

---

**36 muchedumbre:** crowd **37 al acecho:** lying in wait for **38 efectivos:** contingent, active members **39 índole:** kind, sort **40 quehacer:** chore, task **41 en vano:** in vain

no así del hombre que se lo llevó.

El administrador del Bosque dirigía la investigación. Manifestó no tener conocimiento de que existiera ningún pasadizo y ordenó a una cuadrilla[42] excavar[43] en el sitio donde la señora aseguraba que desapareció su hijo. No hallamos, en efecto, sino oxidados cascos de metralla[44] y raíces deformes[45].

La caída de la noche obligó a interrumpir la busca para reanudarla[46] a la mañana siguiente. Los torerillos fueron llevados como sospechosos a la Inspección de Policía. Yo acompañé al ingeniero Andrade a reunirse con su esposa que ya estaba al cuidado médico en un sanatorio particular de Mixcoac. Obtuve permiso de interrogarla. Sólo saqué en claro lo que consta[47] al principio de esta comunicación.

Ahora lamento de verdad que el disgusto ante algunas majaderías[48] escritas en mi contra me haya impedido guardar recortes[49] de periódicos. Los de la mañana no alcanzaron la noticia; los vespertinos[50] la pusieron a ocho columnas relegando[51] a segundo término las informaciones de guerra. Un pasquín[52] ya desaparecido se atrevió a afirmar que Olga sostenía relaciones perversas con los dos torerillos. El sitio de reunión y escenario de sus orgías era Chapultepec. El niño resultaba (¡imagínese usted!) el inocente encubridor[53] que al darse cuenta de los hechos tuvo que ser eliminado.

**42 cuadrilla:** team, squad **43 excavar:** to dig **44 cascos de metralla:** shrapnel **45 deformes:** deformed **46 reanudar:** to resume **47 constar:** be registered or noted **48 majadería:** stupidity; in Mexico, something rude **49 recorte:** newspaper or magazine clipping **50 vespertino:** evening, evening edition **51 relegar:** to relegate, consign **52 pasquín:** sensationalist or second-rate publication **53 encubridor:** someone who covers-up for someone else

Esta versión absurda y difamatoria[54] no prosperó: don Maximino lanzó una orden fulminante[55] para que el calumniador[56] fuera cesado y se perdiera en la noche de los tiempos, a riesgo de que se le aplicara el clásico "carreterazo".

Otro periódico sostuvo que hipnotizaron a la señora y le hicieron creer que había visto lo que contó. El niño fue víctima de una banda de "robachicos" que pedirían rescate o lo mutilarían[57] con objeto de explotarlo forzándolo a pedir caridad.

Aún más irresponsable, un tercer diario se atrevió a confundir a sus lectores asegurando que Rafael fue raptado por una secta que adora a dioses prehispánicos y practica sacrificios humanos en una cueva de Chapultepec, que como usted sabe fue el bosque sagrado de los aztecas. (Semejante idea parece inspirarse en una película de Cantinflas: El signo de la muerte.)

En fin, el público encontró un escape de las tensiones de la guerra, la escasez, la carestía[58], los apagones preventivos[59], el descontento político, y se apasionó por el caso durante algunas semanas mientras continuaban las investigaciones en Chapultepec.

Cada cabeza es un mundo, cada quien piensa distinto y nadie se pone de acuerdo en nada. Con decirle que hasta se le dio un sesgo[60] electoral a todo este embrollo[61]: a fin de cerrarle el paso hacia la presidencia a don Maximino (pues era un secreto a voces[62] que sucedería en el poder a don Manuel, fraternalmente o por la

---

54 **difamar:** to slander, defame 55 **fulminante:** sudden and resolute 56 **calumniador:** slanderer 57 **mutilar:** to maim, disfigure 58 **carestía:** high cost 59 **apagón preventivo:** preventive blackout 60 **sesgo:** slant, bias to 61 **embrollo:** tangle, mess 62 **secreto a voces:** open secret

fuerza de las armas) se difundió[63] la calumnia de que el general había mandado secuestrar a Rafaelito para que no informara al ingeniero de sus relaciones con la señora Olga.

Usted recordará que este personaje extraordinario tuvo un gusto proverbial[64] por las llamadas "aventuras". La discreción, el profesionalismo, el respeto a su dolor y a sus actuales canas, me impidieron decirle antes a usted que en 1943 Olga era una mujer bellísima. De modo que la difamación cayó en un terreno fértil, aunque el rumor no llegó ni llegará nunca a letras de molde.

Tan inesperadas derivaciones tenían que encontrar un hasta aquí. Por métodos que no viene al caso describir se obtuvo que los torerillos firmaran una confesión que aclaró las dudas y acalló a la maledicencia[65]. Aprovechando la soledad del Bosque y la mala vista de la señora habían montado la historia del hombre del subterráneo con el propósito de raptar al niño y exigir un rescate[66] (el ingeniero Andrade se había hecho rico en pocos años a la sombra de don Maximino). Luego, atemorizados, dieron muerte a Rafaelito, lo descuartizaron[67] y arrojaron[68] sus restos al Canal del Desagüe.

La opinión pública tiene (o tenía) el defecto de la credulidad[69] y no exigió se puntualizaran algunas contradicciones. Por ejemplo: a qué horas descuartizaron los torerillos al niño y lo echaron a las aguas negras —situadas en su punto más próximo a unos veinte kilómetros de Chapultepec— si, como antes dije, uno llamó a

---

**63 difundir:** to spread, disseminate **64 proverbial:** well-known **65 maledicencia:** gossip, nasty rumors **66 rescate:** ransom **67 descuartizar:** to dismember **68 arrojar:** to throw, fling **69 credulidad:** gullibility, acceptance

la policía y al ingeniero Andrade; otro permaneció junto a Olga, y ambos estaban en el lugar de los hechos cuanto llegaron la familia y las autoridades.

Pero al fin y al cabo todo en este mundo es misterioso y no hay acontecimiento, por nimio[70] que parezca, que pueda ser aclarado satisfactoriamente. Como tapabocas se publicaron fotos de la cabeza y el torso de un muchachito, restos sacados del Canal del Desagüe. Pese a la avanzada descomposición, cualquier persona habría podido comprobar que los despojos[71] eran de una criatura de once o doce años y no de seis como Rafael. Esto sí no es problema: en México siempre que hay una desaparición y se busca un cadáver se encuentran muchos otros en el curso de la pesquisa[72].

Dicen que la mejor manera de ocultar algo es ponerlo a la vista de todos. Por ello y también por la excitación del caso y sus impredecibles ramificaciones, se disculpará que yo no empezara por donde procedía[73]: esto es, por interrogar a la señora Olga acerca del individuo que desapareció con su hijo. Lo imperdonable (debo reconocerlo humildemente) es haber considerado normal que el hombre le entregara una flor y un periódico y por tanto no haber examinado, como correspondía, estas piezas.

Tal vez un presentimiento de lo que iba a encontrar me hizo posponer hasta lo último el interrogatorio. Cuando ya los

---

**70 nimio:** trivial, insignificant **71 despojos:** remains **72 pesquisa:** investigation **73 proceder:** to take the appropriate action

torerillos, convictos y confesos[74], purgaban una pena[75] de treinta años en las Islas Marías y todos (menos los padres) aceptaban que los restos hallados en el Canal eran los del niño Rafael Andrade Martínez, me presenté en la casa de Tabasco 106 para interrogar de nueva cuenta a la señora.

La encontré muy desmejorada, como si hubiera envejecido veinte años en tres semanas. No perdía la esperanza de recuperar a su hijo. Por ello cobró fuerzas para responderme. El diálogo fue más o menos como sigue, si mi memoria (que siempre ha sido buena) no me traiciona.

—Señora Andrade: al platicar[76] por primera vez con usted en el sanatorio de Mixcoac no juzgué oportuno preguntarle ciertos detalles que ahora considero indispensables. En primer lugar: ¿cómo vestía el hombre que salió de la tierra para llevarse a Rafaelito?

—De uniforme.

—¿Uniforme de militar, policía, guardabosque?

—No, es que, sabe usted, no veo bien sin lentes pero no me los pongo. Por eso pasó todo, por eso.

—Cálmate —intervino el marido cuando Olga comenzó a llorar.

—Perdone, no me contestó usted: ¿cómo era el uniforme?

—Azul, con adornos dorados. Parecía muy desteñido[77].

—¿Azul marino?

---

74 **confeso:** someone who has confessed to a crime 75 **purgar una pena:** to serve out a sentence
76 **platicar:** in Mexico, to talk **taquigráfico:** shorthand, stenographic 77 **desteñido:** pale or faded

—Más bien azul pálido, azul claro.

—Continuemos. En mi libreta anoté las palabras que le dijo a usted el hombre: "Tenga para que se entretenga. Tenga para que se la prenda." ¿No le parecen bastante extrañas?

—Sí, muy raras. Pero en ese momento no me di cuenta. Qué imbécil. No me lo perdonaré jamás.

—¿Había alguna otra cosa anómala en el hombre?

—Ahora que me acuerdo lo veo muy claro, me parece estar oyéndolo: hablaba demasiado despacio y con acento.

—¿Acento regional o como si el español no fuera su lengua?

—Exacto: como si el español no fuera su lengua.

—Entonces ¿cuál acento?

—No sé... quizá... bueno, como alemán.

El ingeniero Andrade y yo nos miramos: había muy pocos alemanes en México. Eran tiempos de guerra, no se olvide, y todos resultaban sospechosos. Ninguno se hubiera prestado[78] a un asunto como éste.

—¿Y él? ¿Cómo era él?

—Alto... sin pelo... olía muy fuerte... como a humedad.

—Señora, disculpe usted el atrevimiento, pero si el hombre era tan extravagante ¿por qué dejó usted que Rafaelito bajara con él?

—No sé, no sé. Por estúpida. Porque siempre lo he consentido mucho. Nunca pensé que pudiera pasarle nada malo... Espéreme, hay algo más: cuando el hombre se acercó vi que estaba muy

---

**78 prestarse a:** to offer or lend oneself to

pálido... ¿cómo decirle?... blancuzco... eso es: como un caracol, un caracol fuera de su concha…

—Válgame Dios[79], pero qué cosas dices —exclamó el ingeniero. Me estremecí. Para fingirme sereno enumeré:

—Bien, con que decía frases poco usuales, hablaba con acento alemán, llevaba uniforme azul pálido, olía mal y era fofo[80], viscoso[81]. ¿Chaparro[82], muy gordo?

—No, no: altísimo, muy delgado… ah, con barba.

—¡Barba! Pero si ya nadie usa barba.

—Pero él tenía… No: más bien eran mostachos o patillas… como grises o blancas, no sé.

Vi mi propio gesto de espanto[83] en el rostro del ingeniero.

De nuevo quise aparentar serenidad. Dije en tono casual:

—¿Me permite examinar la revista que le dio el hombre?

—Era un periódico, creo yo. También guardé la flor en mi bolsa. ¿No te acuerdas qué bolsa traía?

El ingeniero se puso de pie:

—La recogí en el sanatorio, la guardé en tu ropero. Con los nervios no se me ocurrió abrirla.

Señor, en mi trabajo he visto cosas que horrorizarían a cualquiera. Sin embargo nunca había sentido ni he vuelto a sentir un miedo más terrible del que experimenté cuando el ingeniero Andrade abrió la bolsa.

Sacó una rosa negra marchita[84] (no hay en este mundo rosas

---

**79 válgame Dios:** for God's sake! **80 fofo:** pudgy **81 viscoso:** sticky, spongy **82 chaparro:** short person **83 espanto:** fright, astonishment **84 marchita:** withered, faded

negras), un alfiler de oro puro muy desgastado y un periódico totalmente amarillo que casi se deshizo cuando lo abrimos para ver que era *La Gaceta del Imperio*, con fecha 2 de octubre de 1866, periódico del que –supimos después— sólo existe otro ejemplar en la Hemeroteca.

El ingeniero me hizo jurar que guardaría el secreto. Ahora, después de tantos años y confiado en su buen sentido, me atrevo a revelarlo. Dios sabe que ni mi esposa ni mis hijos han oído nunca una palabra acerca de todo esto.

Desde entonces hasta hoy, sin fallar nunca, la señora Olga pasa el día entero en Chapultepec, caminando por el Bosque, hablando a solas. Y a las dos de la tarde se sienta en el tronco vencido del mismo árbol, con la seguridad de que alguna vez a esa hora la tierra se abrirá para devolverle a su hijo o para llevarla, como los caracoles, al reino de los muertos.

Pase usted por allí cualquier día y la encontrará con el mismo vestido que llevaba el 9 de agosto de 1943: sentada en el tronco, inmóvil, esperando, esperando.

## FIN

*Tenga para que se entretenga,* de José Emilio Pacheco. Incluido en *El principio del placer.*

# GLOSARIO ESPAÑOL-ESPAÑOL

### PÁGINA 71
**1 incluir:** añadir, adjuntar o poner algo junto o dentro de otra cosa.

**2 recibo timbrado:** factura o documento oficial que sirve de justificante de compra o de cualquier tipo de servicio realizado y donde se especifica el importe que se debe pagar.

**3 cubrir:** referido a una deuda, pagarla.

**4 giro postal:** pago que se realiza enviando dinero a través del servicio de correos.

**5 advertir:** darse cuenta.

**6 convenir:** acordar algo.

**7 me es grato:** me agrada.

### PÁGINA 72
**8 resbaladilla:** tobogán. Construcción destinada a la diversión que hay en algunos parques y que consta de una rampa, a cuya parte superior se accede por una escalera, por la que la gente se desliza.

**9 columpio:** asiento que mediante unas cadenas cuelga de una estructura de barras, para poder balancearnos mientras estamos sentados.

**10 falda:** parte más baja de una montaña.

**11 cerro:** montaña pequeña.

**12 pasar inadvertido:** algo pasa inadvertido cuando no llama la atención, no destaca y por lo tanto no nos fijamos en ello.

**13 transeúnte:** persona que pasa, anda o pasea por la calle.

**14 atribuir:** asignar.

**15 caprichoso:** dicho de un terreno cuando es muy accidentado.

**16 aplastar:** presionar o golpear un cuerpo deformándolo y disminuyendo su grosor.

**17 vetusto:** muy viejo.

**18 ahuehuete:** especie de árbol típico de México.

**19 en vista de que:** ya que, debido a que.

### PÁGINA 73
**20 tenderse:** tumbarse, reposar el cuerpo extendido sobre una superficie.

**21 suplicar:** rogar, pedir algo con humildad.

**22 perpetuamente:** continuamente, por siempre.

**23 ralo:** poco espeso.

**24 alfiler:** barra de metal muy pequeña y fina, con punta en uno de sus extremos, que se utiliza en costura o para prender algún adorno en la ropa.

**25 prender:** sujetar o colgar algo en la ropa usando un alfiler.

## PÁGINA 74

**26 reverencia:** inclinación del cuerpo en señal de respeto y sumisión.

**27 asentir:** afirmar, decir que sí con la cabeza.

## PÁGINA 75

**28 distraído:** que se distrae con facilidad; distraerse es desviar la atención de algo para pasar a pensar en otras cosas.

**29 lentes:** gafas.

**30 pasadizo:** lugar o paso estrecho, en ocasiones escondido, para pasar de un sitio a otro.

**31 novillero:** torero principiante, que sólo torea novillos (toros aún pequeños).

**32 sollozo:** ruido que hacemos al llorar.

**33 a gatas:** postura en la que nos apoyamos en el suelo con las dos manos y las rodillas.

**34 gemir:** llorar con mucha pena.

**35 (estar) preso de:** dejarse llevar por una emoción o un sentimiento muy fuerte.

## PÁGINA 76

**36 muchedumbre:** mucha gente, multitud.

**37 al acecho:** posición o estado de vigilancia, en espera de que suceda algo para actuar.

**38 efectivos:** número de personas pertenecientes a un cuerpo (policía, ejército, bomberos, etc.) que están disponibles en un determinado momento.

**39 índole:** tipo, clase.

**40 quehacer:** ocupación, actividad, normalmente se usa en plural.

**41 en vano:** sin resultado.

## PÁGINA 77

**42 cuadrilla:** conjunto de personas que trabajan en grupo para realizar un determinado trabajo.

**43 excavar:** sacar tierra del suelo para hacer un agujero.

**44 cascos de metralla:** fragmentos metálicos que contienen o forman parte de las bombas y que saltan en todas direcciones cuando explotan.

**45 deforme:** mal formado.

**46 reanudar:** empezar de nuevo.

**47 constar:** figurar, estar registrado algo por escrito.

**48 majadería:** tontería, estupidez; en México, grosería, de mala educación.

**49 recorte:** trozo cortado o arrancado de un periódico o revista.

**50 vespertino:** de la tarde; también se llama así al periódico que sale por la tarde.

**51 relegar:** dejar para después, poner en segundo lugar.

**52 pasquín:** publicación cuyos artículos son de tipo sensacionalista.

**53 encubridor:** persona que encubre algo; es decir, que lo oculta y hace lo posible para que no se descubra.

## PÁGINA 78
**54 difamatoria:** que difama; difamar es mentir de manera pública hablando mal de una persona para que pierda el respeto de la sociedad.
**55 fulminante:** súbito, rápido y de efecto inmediato.
**56 calumniador:** que calumnia; calumniar es un sinónimo de difamar (definido en el número 54).
**57 mutilar:** corta algún miembro o parte del cuerpo.
**58 carestía:** precio elevado de los productos más necesarios y de uso común.
**59 apagón preventivo:** corte temporal de la electricidad con el fin de dificultar al enemigo el encontrar objetivos para bombardear.
**60 sesgo:** corte, orientación, rumbo que se le da o que toma algo.
**61 embrollo:** lío, conjunto de hechos entremezclados que son difíciles de aclarar.
**62 secreto a voces:** secreto aparente, pero que en realidad todo el mundo conoce.

## PÁGINA 79
**63 difundir:** exponer o informar públicamente para que todo el mundo se entere.
**64 proverbial:** sabido de siempre y por todos.
**65 maledicencia:** habladurías, cosas dichas con mala intención por la gente en perjuicio de alguien.
**66 rescate:** dinero que se pide después de raptar a una persona para liberarla.
**67 descuartizar:** cortar en pedazos un cuerpo.
**68 arrojar:** lanzar, tirar.
**69 credulidad:** tendencia a creer lo que se cuenta, a darlo como verdadero.

## PÁGINA 80
**70 nimio:** pequeño, sin importancia.
**71 despojos:** restos
**72 pesquisa:** investigación.
**73 proceder:** hacer algo como se debe, hacerlo convenientemente.

## PÁGINA 81
**74 confeso:** dicho de alguien que ha confesado su delito.
**75 purgar una pena:** cumplir el castigo impuesto por cometer un delito.
**76 platicar:** en México, hablar.
**77 desteñido:** de colores apagados, poco vivos.

## PÁGINA 82

**78 prestarse a:** estar dispuesto a hacer algo, ponerse de acuerdo con alguien para hacer alguna cosa.

## PÁGINA 83

**79 válgame Dios:** expresión que se utiliza cuando algo nos sorprende mucho o ante una mala noticia.

**80 fofo:** de carnes blandas.

**81 viscoso:** de textura blanda y pegajosa.

**82 chaparro:** persona baja.

**83 espanto:** mezcla de asombro y terror.

**84 marchita:** dicho de una flor cuando empieza a secarse y morir.

## OTRAS EXPRESIONES

**que en paz descanse:** expresión que se dice después de nombrar en la conversación a alguien que ya ha muerto.

**carreterazo:** en México, accidente de carretera. Aquí está empleado con el sentido de matar a alguien y simular después que ha tenido un accidente.

# EJERCICIOS DE EXPLOTACIÓN DIDÁCTICA

## A. Elija la respuesta adecuada según el texto:

**1.** El detective privado le envía a un desconocido:
   **a.** una carta que aclara los hechos sucedidos hace casi 30 años.
   **b.** un informe, con su factura, sobre unos hechos sucedidos hace casi 30 años.
   **c.** el informe que contiene una investigación llevada a cabo por la policía en los años 40.

**2.** Chapultepec fue el lugar donde en 1943:
   **a.** se plantaron unos árboles de extrañas formas, como sobrenaturales.
   **b.** sucedió el secuestro de un niño de 6 años.
   **c.** tuvo lugar el asesinato de dos personas.

**3.** La madre de Rafael se siente culpable de lo ocurrido porque:
   **a.** siempre fue un poco descuidada y algo crédula.
   **b.** se quedó leyendo mientras el niño jugaba en la boca del túnel.
   **c.** era miope y sin sus gafas no pudo distinguir hacia dónde se dirigía su hijo.

**4.** La amistad del ingeniero Andrade, padre el niño, con el general Maximino Ávila Camacho hizo que:
   **a.** se desplegaran todos los efectivos posibles para encontrar al desaparecido.
   **b.** contrataran a varios detectives para solucionar el caso.
   **c.** excavaran el Bosque hasta encontrar el pasadizo de un túnel.

**5.** La noticia de la desaparición de Rafael:
   **a.** trajo consigo la destitución de un cargo militar.
   **b.** hizo que saliera a la luz la relación existente entre Olga Andrade y el general Ávila.
   **c.** fue escrita de muy diversas formas en los periódicos de la época.

**6.** El posterior interrogatorio de Olga Andrade:
   **a.** siguió sin aclarar la desaparición de su hijo.
   **b.** aportó datos increíbles al caso.
   **c.** llevó a Olga a la locura.

**B. Complete las siguientes frases con las preposiciones adecuadas:**

*a, ante, bajo, con, contra, de, desde, en, hacia, hasta, para, por, sin*

**1.** Después caminaron ............... el lago ............... la Calzada ............... los Filósofos y se detuvieron un instante ............... la falda ............... el cerro.
**2.** Rafael estaba cansado y se tendió ............... espaldas ............... la hierba.
**3.** ............... una ramita, el niño se divertía ............... poner obstáculos ............... el desplazamiento ............... un caracol.
**4.** ............... pronto se abrió un rectángulo ............... madera oculto ............... la hierba rala ............... el cerro y apareció un hombre.
**5.** Uno ............... los torerillos se apresuró ............... hablar ............... teléfono ............... un puesto ............... orillas ............... el lago.

**6.** La caída ............... la noche obligó ............... interrumpir la busca ............... reanudarla ............... la mañana siguiente.

**7.** Ahora lamento ............... verdad que el disgusto ............... algunas majaderías escritas en mi ............... me haya impedido guardar recortes ............... periódicos.

**8.** ............... entonces ............... hoy, ............... fallar nunca, la señora Olga pasa el día entero caminando ............... el Bosque, hablando ............... solas.

**C. Complete las frases con el conector adecuado.**
   **Elija entre *cuando, si, pero, aunque, que, como si.***

**1.** Juzgó normal la curiosidad del niño ................. no dejó de extrañarle la cortesía del vigilante.

**2.** Los curiosos siempre parecen estar al acecho y se materializan ................. sucede algo fuera de lo común.

**3.** Serían las cinco de la tarde ................. llegué.

**4.** Continuaba la búsqueda ................. todo fue en vano.

**5.** El niño resultaba ser el inocente encubridor ................. tuvo que ser eliminado.

**6.** La encontré muy desmejorada ................. hubiera envejecido veinte años en tres semanas.

**7.** El diálogo fue más o menos como sigue, ................. mi memoria no me traiciona.

**D. Complete el siguiente fragmento del cuento con el verbo adecuado y en el tiempo y modo correctos:**

*acusar, decir, considerar, estar, examinar, ausentarse, ocultar, proceder, explicar, desaparecer, poner, quitar, sondear, terminar, entregar, interrogar, aprobar, percibir, empezar*

**(1)** ................ que la mejor manera de **(2)** ................ algo es **(3)** ................lo a la vista de todos. Por ello y también por la excitación del caso y sus ramificaciones, se disculpará que yo no **(4)** ................ por donde **(5)** ................ : esto es, por **(6)** ................ a la señora Olga acerca del individuo que **(7)** ................ con su hijo. Lo imperdonable es haber **(8)** ................ normal que el hombre le **(9)** ................ una flor y un periódico y por tanto no haber **(10)** ................ , como correspondía, estas piezas.

**E. Relacione las dos columnas para formar las expresiones que debe insertar después en las frases:**

| | |
|---|---|
| 1. pasa | a. la mano |
| 2. datan | b. la historia |
| 3. aceptó | c. inadvertido |
| 4. había quedado | d. de mala gana |
| 5. tendió | e. del siglo XIX |
| 6. cruzaron | f. desierto |
| 7. habían montado | g. miradas |

**8.** Los torerillos ........................... al ver que no había ninguna boca de ningún subterráneo.

**9.** Tales árboles no son vetustos sino que ........................... .

**10.** Rafael ......................... al guardia, quien dijo antes de iniciar el descenso: Ya volveremos, usted no se preocupe.

**11.** Cierto detalle que ........................ a los transeúntes, llamó la atención de Olga.

**12.** La señora ....................... , inquieta porque en el camino se habían cruzado con varios aspirantes a torero.

**13.** Aprovechando la soledad del Bosque y la mala vista de la señora .................... del hombre del subterráneo para raptar al niño.

**14.** Para esas horas Chapultepec ........................ . Ya no se escuchaba ruido de automóviles ni rumor de lanchas en el lago.

**F. Casi 3 décadas después de la desaparición de Rafael Andrade, el detective Ernesto Domínguez envía un informe confidencial sobre estos hechos a su cliente. ¿Quién puede ser ese cliente y qué relación puede tener con los protagonistas de esta historia? ¿Por qué le interesa este suceso después de tanto tiempo?**

**G. Varios periódicos de la época escribieron la noticia del suceso, dando cada uno diferentes versiones. Invente el nombre de los periódicos, escriba los posibles titulares y haga un resumen de cada noticia.**

H. ¿Quién era el desconocido que se llevó a Rafael Andrade? ¿Existió de verdad? ¿Por qué eligió precisamente a Rafael? ¿Qué simboliza la rosa, el alfiler y el periódico?

I. ¿Qué imagen se da en el texto sobre la política, la justicia y la investigación policial en México en los años cincuenta? ¿Cree que se corresponde con la realidad de hoy?

**SOLUCIONES EN LA PÁGINA 125**

# RELATO 4

## El guardagujas
Juan José Arreola

## EL AUTOR
JUAN JOSÉ ARREOLA (1918, Jalisco - 2001)

El jalisciense Juan José Arreola (1918-2001) es uno de los escritores mexicanos con más reconocimiento del siglo XX. Académico de la lengua, editor, actor, poeta y, sobre todo, narrador, Arreola permaneció al margen de los movimientos literarios y confió en la imaginación y en el sentido del humor para cincelar una prosa rápida, irónica, breve y mordaz. *Confabulario* (1953) es su obra más conocida. *La hora de todos* (1954), *La feria* (1963), *Bestiario* (1972) y *La palabra educación* (1973) son otros de sus libros destacados.

Su prosa, heredera de las vanguardias, borra las fronteras entre la realidad y la fantasía, depurando el microrrelato con una magistral forma de jugar con la literatura. Colocó al cuento al mismo nivel que la novela en México. Aspiró a la palabra exacta, alcanzando un lenguaje esencial, sin los excesos formales y temáticos de su época, y creó frases epigramáticas soberbias como esta: «El espíritu es solvente de la carne. Pero yo soy de tu carne indisoluble.»

## PRESENTACIÓN
EL GUARDAGUJAS

El cuento de Juan José Arreola comienza con la voz de un narrador que nos presenta la llegada de un viajero a un pueblo. La intención del forastero es tomar un tren, pero se encuentra con un trabajador del ferrocarril que le va descubrir las dificultades de ese propósito. A partir de ahí, y casi hasta el final, el texto se vuelve enteramente dialogado sin que la voz del narrador respalde con su autoridad un punto de vista sobre lo que va a suceder.

Se nos brinda así la posibilidad de imaginar una situación donde la incertidumbre sobre la realidad es total o, dicho de otro modo, donde lo único cierto es que todo es contingente: las cosas pueden suceder o no suceder, existir o no existir. Frente a eso, podemos exclamar como el viajero: "Yo no estoy hecho para tales aventuras". De esta forma se desmonta uno de los tópicos básicos de la modernidad: la aspiración a regularlo todo, la creencia en que todo o casi todo puede ser previsto y programado: los trenes existen, los horarios se cumplen, los trayectos están fijados de antemano. Pero, quizá, eso sea una ilusión, como se encarga de mostrar la vida a cada rato sorprendiéndonos con el accidente, lo inesperado o lo insólito.

Se puede pensar entonces que a veces, sólo a veces, y de manera aleatoria, las cosas suceden como se espera que sucedan o que la realidad y los deseos particulares coinciden. Cuando se da ese "milagro" azaroso reconocemos la voluntad que pusimos para lograrlo y lo consideramos mérito propio. Y, a veces, el azar quiere consolarnos y no nos corrige.

El relato ofrece elementos suficientes para leerlo en clave simbólica y elevarlo a la categoría de universal. Cada lector puede hacer las asociaciones que considere oportunas e interpretar el cuento como metáfora de lo nacional, del mundo capitalista, o darle dimensión metafísica. También puede profundizar en el carácter absurdo e ilusorio de lo existencial o explorar sus abundantes rasgos de humor, apegarse a una lectura realista o sumergirse en lo fantástico, aliarse con el viajero en las preguntas o con el guardagujas en las respuestas. Incluso puede establecer relaciones con el realismo mágico, esa etiqueta de la que tanto se ha abusado a propósito de la literatura latinoamericana del siglo XX. Además, podemos encontrar inconfundibles ecos kafkianos en el planteamiento, en los diálogos, y quizá en ese giro hacia el absurdo de lo más cotidiano que también encontramos en el relato de Julio Cortázar, *La autopista del Sur*, o en algunas ficciones de Borges como *La lotería de Babilonia*.

En todo caso, cualquiera de esas posibles interpretaciones reafirma la condición de la gran literatura capaz de trascender el espacio y el tiempo, dos categorías que se anulan, como sucede en el interior del cuento, cuando se logra una obra literaria de indiscutible calidad.

## AUDIO 4
EL GUARDAGUJAS

**Locución:** Rubén Castro y Daniel Ramírez
**Acento:** Mexicano
**Duración:** 17'43"

# El guardagujas
Juan José Arreola

El forastero[1] llegó sin aliento a la estación desierta. Su gran valija[2], que nadie quiso cargar, le había fatigado en extremo[3]. Se enjugó[4] el rostro con un pañuelo, y con la mano en visera[5] miró los rieles[6] que se perdían en el horizonte. Desalentado[7] y pensativo consultó su reloj: la hora justa en que el tren debía partir.

Alguien, salido de quién sabe dónde, le dio una palmada muy suave. Al volverse, el forastero se halló ante un viejecillo de vago aspecto ferrocarrilero. Llevaba en la mano una linterna roja, pero tan pequeña, que parecía de juguete. Miró sonriendo al viajero, que le preguntó con ansiedad:

—Usted perdone, ¿ha salido ya el tren?

—¿Lleva usted poco tiempo en este país?

—Necesito salir inmediatamente. Debo hallarme en T. mañana mismo.

—Se ve que usted ignora las cosas por completo. Lo que debe hacer ahora mismo es buscar alojamiento en la fonda[8] para viajeros —y señaló un extraño edificio ceniciento[9] que más bien parecía un presidio.

—Pero yo no quiero alojarme, sino salir en el tren.

—Alquile usted un cuarto inmediatamente, si es que lo hay. En

---

**1 forastero:** foreigner, stranger **2 valija:** suitcase **3 en extremo:** excessively **4 enjugarse:** to wipe away **5 (con la mano) en visera:** shading one's eyes **6 riel:** railroad track **7 desalentado:** discouraged, dejected **8 fonda:** inn **9 ceniciento:** ashen, ash-colored

caso de que pueda conseguirlo, contrátelo[10] por mes, le resultará más barato y recibirá mejor atención.

—¿Está usted loco? Yo debo llegar a T. mañana mismo.

—Francamente, debería abandonarlo a su suerte. Sin embargo, le daré unos informes.

—Por favor...

—Este país es famoso por sus ferrocarriles, como usted sabe. Hasta ahora no ha sido posible organizarlos debidamente, pero se han hecho ya grandes cosas en lo que se refiere a la publicación de itinerarios[11] y a la expedición[12] de boletos[13]. Las guías ferroviarias abarcan y enlazan todas las poblaciones de la nación; se expenden boletos hasta para las aldeas más pequeñas y remotas. Falta solamente que los convoyes cumplan las indicaciones contenidas en las guías y que pasen efectivamente por las estaciones. Los habitantes del país así lo esperan; mientras tanto, aceptan las irregularidades del servicio y su patriotismo les impide cualquier manifestación de desagrado.

—Pero, ¿hay un tren que pasa por esta ciudad?

—Afirmarlo equivaldría a cometer una inexactitud. Como usted puede darse cuenta, los rieles existen, aunque un tanto averiados. En algunas poblaciones están sencillamente indicados en el suelo, mediante dos rayas de gis[14]. Dadas las condiciones actuales, ningún tren tiene la obligación de pasar por aquí, pero nada impide que eso pueda suceder. Yo he visto pasar muchos trenes

---

**10 contratar:** to hire, rent, contract **11 itinerario:** schedule, timetable, route **12 expedición:** sale, issue **13 boleto:** ticket **14 gis:** Mexican term for chalk

en mi vida y conocí algunos viajeros que pudieron abordarlos[15]. Si usted espera convenientemente, tal vez yo mismo tenga el honor de ayudarle a subir a un hermoso y confortable vagón.

—¿Me llevará ese tren a T.?

—¿Y por qué se empeña usted en que ha de ser precisamente a T.? Debería darse por satisfecho si pudiera abordarlo. Una vez en el tren, su vida tomará efectivamente algún rumbo[16]. ¿Qué importa si ese rumbo no es el de T.?

—Es que yo tengo un boleto en regla para ir a T. Lógicamente, debo ser conducido a ese lugar, ¿no es así?

—Cualquiera diría que usted tiene razón. En la fonda para viajeros podrá usted hablar con personas que han tomado sus precauciones[17], adquiriendo grandes cantidades de boletos. Por regla general, las gentes previsoras[18] compran pasajes[19] para todos los puntos del país. Hay quien ha gastado en boletos una verdadera fortuna...

—Yo creí que para ir a T. me bastaba un boleto. Mírelo usted...

—El próximo tramo de los ferrocarriles nacionales va a ser construido con el dinero de una sola persona que acaba de gastar su inmenso capital en pasajes de ida y vuelta para un trayecto ferroviario cuyos planos, que incluyen extensos túneles y puentes, ni siquiera han sido aprobados por los ingenieros de la empresa.

—Pero el tren que pasa por T., ¿ya se encuentra en servicio?

—Y no sólo ése. En realidad, hay muchísimos trenes en la na-

---

**15 abordar:** to board **16 rumbo:** direction, course, route **17 tomar precauciones:** to take precautions, be prepared **18 previsor:** farsighted, prepared **19 pasaje:** ticket

ción, y los viajeros pueden utilizarlos con relativa frecuencia, pero tomando en cuenta que no se trata de un servicio formal y definitivo. En otras palabras, al subir a un tren, nadie espera ser conducido al sitio que desea.

—¿Cómo es eso?

—En su afán de[20] servir a los ciudadanos, la empresa debe recurrir a ciertas medidas desesperadas. Hace circular trenes por lugares intransitables. Esos convoyes expedicionarios emplean a veces varios años en su trayecto, y la vida de los viajeros sufre algunas transformaciones importantes. Los fallecimientos no son raros en tales casos, pero la empresa, que todo lo ha previsto, añade a esos trenes un vagón capilla ardiente[21] y un vagón cementerio. Es motivo de orgullo para los conductores depositar el cadáver de un viajero —lujosamente embalsamado— en los andenes de la estación que prescribe[22] su boleto. En ocasiones, estos trenes forzados recorren trayectos en que falta uno de los rieles. Todo un lado de los vagones se estremece lamentablemente con los golpes que dan las ruedas sobre los durmientes. Los viajeros de primera —es otra de las previsiones de la empresa— se colocan del lado en que hay riel. Los de segunda padecen los golpes con resignación. Pero hay otros tramos en que faltan ambos rieles; allí los viajeros sufren por igual, hasta que el tren queda totalmente destruido.

—¡Santo Dios!

---

**20 afán de:** eagerness to, keenness to **21 capilla ardiente:** funeral chapel **22 prescribir:** to determine, indicate

—Mire usted: la aldea de F. surgió a causa de uno de esos accidentes. El tren fue a dar en un terreno impracticable[23]. Lijadas[24] por la arena, las ruedas se gastaron hasta los ejes. Los viajeros pasaron tanto tiempo juntos, que de las obligadas conversaciones triviales surgieron amistades estrechas. Algunas de esas amistades se transformaron pronto en idilios[25], y el resultado ha sido F., una aldea progresista llena de niños traviesos que juegan con los vestigios[26] enmohecidos[27] del tren.

—¡Dios mío, yo no estoy hecho para tales aventuras!

—Necesita usted ir templando[28] su ánimo; tal vez llegue usted a convertirse en héroe. No crea que faltan ocasiones para que los viajeros demuestren su valor y sus capacidades de sacrificio. Recientemente, doscientos pasajeros anónimos escribieron una de las páginas más gloriosas en nuestros anales[29] ferroviarios. Sucede que en un viaje de prueba, el maquinista advirtió a tiempo una grave omisión de los constructores de la línea. En la ruta faltaba el puente que debía salvar un abismo[30]. Pues bien, el maquinista, en vez de poner marcha hacia atrás, arengó[31] a los pasajeros y obtuvo de ellos el esfuerzo necesario para seguir adelante. Bajo su enérgica dirección, el tren fue desarmado[32] pieza por pieza y conducido en hombros al otro lado del abismo, que todavía reservaba la sorpresa de contener en su fondo un río caudaloso[33]. El resultado de la hazaña[34] fue tan satisfactorio que la empresa renunció definitivamente a la construcción del puente, confor-

---

**23 impracticable:** impassable, impenetrable **24 lijar:** to sand, smooth **25 idilio:** romance **26 vestigio:** ruin, remains **27 enmohecido:** mold, mildew **28 templar:** to temper, calm **29 anales:** annals, records **30 abismo:** abyss, chasm **31 arengar:** to harangue, incite **32 desarmar:** to dismantle, take apart **33 caudaloso:** wide, fast-flowing **34 hazaña:** heroic deed, feat

mándose con hacer un atractivo descuento en las tarifas de los pasajeros que se atreven a afrontar esa molestia suplementaria.

—¡Pero yo debo llegar a T. mañana mismo!

—¡Muy bien! Me gusta que no abandone usted su proyecto. Se ve que es usted un hombre de convicciones. Alójese por lo pronto en la fonda y tome el primer tren que pase. Trate de hacerlo cuando menos; mil personas estarán para impedírselo. Al llegar un convoy, los viajeros, irritados por una espera demasiado larga, salen de la fonda en tumulto para invadir ruidosamente la estación. Muchas veces provocan accidentes con su increíble falta de cortesía y de prudencia. En vez de subir ordenadamente se dedican a aplastarse[35] unos a otros; por lo menos, se impiden para siempre el abordaje, y el tren se va dejándolos amotinados[36] en los andenes[37] de la estación. Los viajeros, agotados y furiosos, maldicen su falta de educación, y pasan mucho tiempo insultándose y dándose de golpes.

—¿Y la policía no interviene?

—Se ha intentado organizar un cuerpo de policía en cada estación, pero la imprevisible llegada de los trenes hacía tal servicio inútil y sumamente costoso. Además, los miembros de ese cuerpo demostraron muy pronto su venalidad[38], dedicándose a proteger la salida exclusiva de pasajeros adinerados que les daban a cambio de esa ayuda todo lo que llevaban encima. Se resolvió entonces el establecimiento de un tipo especial de escuelas, don-

---

**35 aplastar:** to crush, squash **36 amotinado:** rebellious, defiant **37 andén:** platform
**38 venalidad:** corruption, greediness

de los futuros viajeros reciben lecciones de urbanidad[39] y un entrenamiento adecuado. Allí se les enseña la manera correcta de abordar un convoy, aunque esté en movimiento y a gran velocidad. También se les proporciona una especie de armadura[40] para evitar que los demás pasajeros les rompan las costillas.

—Pero una vez en el tren, ¿está uno a cubierto de nuevas contingencias?

—Relativamente. Sólo le recomiendo que se fije muy bien en las estaciones. Podría darse el caso de que usted creyera haber llegado a T., y sólo fuese una ilusión. Para regular la vida a bordo de los vagones demasiado repletos, la empresa se ve obligada a echar mano de ciertos expedientes. Hay estaciones que son pura apariencia: han sido construidas en plena selva y llevan el nombre de alguna ciudad importante. Pero basta poner un poco de atención para descubrir el engaño. Son como las decoraciones del teatro, y las personas que figuran en ellas están llenas de aserrín[41]. Esos muñecos revelan fácilmente los estragos[42] de la intemperie[43], pero son a veces una perfecta imagen de la realidad: llevan en el rostro las señales de un cansancio infinito.

—Por fortuna, T. no se halla muy lejos de aquí.

—Pero carecemos por el momento de trenes directos. Sin embargo, no debe excluirse la posibilidad de que usted llegue mañana mismo, tal como desea. La organización de los ferrocarriles, aunque deficiente, no excluye la posibilidad de un via-

---

**39 urbanidad:** manners, social graces **40 armadura:** armor **41 aserrín:** sawdust **42 estragos:** ravages, damage **43 intemperie:** the elements, weather

je sin escalas[44]. Vea usted, hay personas que ni siquiera se han dado cuenta de lo que pasa. Compran un boleto para ir a T. Viene un tren, suben, y al día siguiente oyen que el conductor anuncia: "Hemos llegado a T.". Sin tomar precaución alguna, los viajeros descienden y se hallan efectivamente en T.

—¿Podría yo hacer alguna cosa para facilitar ese resultado?

—Claro que puede usted. Lo que no se sabe es si le servirá de algo. Inténtelo de todas maneras. Suba usted al tren con la idea fija de que va a llegar a T. No trate a ninguno de los pasajeros. Podrán desilusionarlo con sus historias de viaje, y hasta denunciarlo a las autoridades.

—¿Qué está usted diciendo?

En virtud del estado actual de las cosas los trenes viajan llenos de espías[45]. Estos espías, voluntarios en su mayor parte, dedican su vida a fomentar el espíritu constructivo de la empresa. A veces uno no sabe lo que dice y habla sólo por hablar. Pero ellos se dan cuenta en seguida de todos los sentidos que puede tener una frase, por sencilla que sea. Del comentario más inocente saben sacar una opinión culpable. Si usted llegara a cometer la menor imprudencia, sería aprehendido sin más; pasaría el resto de su vida en un vagón cárcel o le obligarían a descender en una falsa estación perdida en la selva. Viaje usted lleno de fe, consuma la menor cantidad posible de alimentos y no ponga los pies en el andén antes de que vea en T. alguna cara conocida.

**44 escala:** stopover **45 espía:** spy

—Pero yo no conozco en T. a ninguna persona.

—En ese caso redoble[46] usted sus precauciones. Tendrá, se lo aseguro, muchas tentaciones en el camino. Si mira usted por las ventanillas, está expuesto a caer en la trampa[47] de un espejismo[48]. Las ventanillas están provistas de ingeniosos dispositivos que crean toda clase de ilusiones en el ánimo de los pasajeros. No hace falta ser débil para caer en ellas. Ciertos aparatos, operados desde la locomotora, hacen creer, por el ruido y los movimientos, que el tren está en marcha. Sin embargo, el tren permanece detenido semanas enteras, mientras los viajeros ven pasar cautivadores[49] paisajes a través de los cristales.

—¿Y eso qué objeto tiene?

—Todo esto lo hace la empresa con el sano propósito de disminuir la ansiedad de los viajeros y de anular en todo lo posible las sensaciones de traslado. Se aspira a que un día se entreguen plenamente al azar[50], en manos de una empresa omnipotente, y que ya no les importe saber a dónde van ni de dónde vienen.

—Y usted, ¿ha viajado mucho en los trenes?

—Yo, señor, sólo soy guardagujas[51]. A decir verdad, soy un guardagujas jubilado[52], y sólo aparezco aquí de vez en cuando para recordar los buenos tiempos. No he viajado nunca, ni tengo ganas de hacerlo. Pero los viajeros me cuentan historias. Sé que los trenes han creado muchas poblaciones además de la aldea de F. cuyo origen le he referido. Ocurre a veces que los tripulantes[53]

---

**46 redoblar:** to redouble **47 trampa:** trap **48 espejismo:** mirage, illusion **49 cautivador:** captivating, enchanting **50 azar:** chance **51 guardagujas:** switchman **52 jubilado:** retired **53 tripulante:** crew member

de un tren reciben órdenes misteriosas. Invitan a los pasajeros a que desciendan de los vagones, generalmente con el pretexto de que admiren las bellezas de un determinado lugar. Se les habla de grutas[54], de cataratas[55] o de ruinas célebres: "Quince minutos para que admiren ustedes la gruta tal o cual", dice amablemente el conductor. Una vez que los viajeros se hallan a cierta distancia, el tren escapa a todo vapor.

—¿Y los viajeros?

Vagan[56] desconcertados de un sitio a otro durante algún tiempo, pero acaban por congregarse y se establecen en colonia. Estas paradas intempestivas[57] se hacen en lugares adecuados, muy lejos de toda civilización y con riquezas naturales suficientes. Allí se abandonan lotes[58] selectos, de gente joven, y sobre todo con mujeres abundantes. ¿No le gustaría a usted pasar sus últimos días en un pintoresco lugar desconocido, en compañía de una muchachita?

El viejecillo sonriente hizo un guiño[59] y se quedó mirando al viajero, lleno de bondad y de picardía[60]. En ese momento se oyó un silbido lejano. El guardagujas dio un brinco, y se puso a hacer señales ridículas y desordenadas con su linterna.

—¿Es el tren? —preguntó el forastero.

El anciano echó a correr por la vía, desaforadamente. Cuando estuvo a cierta distancia, se volvió para gritar:

—¡Tiene usted suerte! Mañana llegará a su famosa estación.

---

54 **gruta:** cave, cavern 55 **catarata:** waterfall 56 **vagar:** to wander 57 **intempestivo:** unexpected, inopportune 58 **lote:** batch, lot 59 **guiño:** wink 60 **picardía:** naughty, mischievous

¿Cómo dice usted que se llama?

—¡X! —contestó el viajero.

En ese momento el viejecillo se disolvió en la clara mañana. Pero el punto rojo de la linterna siguió corriendo y saltando entre los rieles, imprudentemente, al encuentro del tren.

Al fondo del paisaje, la locomotora se acercaba como un ruidoso advenimiento[61].

## FIN

*El guardagujas,* de Juan José Arreola. Incluido en *Estas páginas mías.*

**61 advenimiento:** advent, long-awaited arrival

# GLOSARIO ESPAÑOL-ESPAÑOL

### PÁGINA 103

**1 forastero:** que no es del lugar, extranjero.

**2 valija:** maleta, en Hispanoamérica.

**3 en extremo:** en exceso, muchísimo.

**4 enjugarse:** secarse la humedad del cuerpo (las lágrimas, el sudor, etc.).

**5 en visera:** poner la mano en visera es ponerla encima de los ojos para protegerlos del sol y así ver mejor.

**6 riel:** barra de metal que se coloca paralela a otra para formar la vía del tren.

**7 desalentado:** sin ánimo, decepcionado, sin aliento debido al cansancio.

**8 fonda:** hotel pequeño y barato donde también se sirven comidas.

**9 ceniciento:** de aspecto o color de la ceniza.

### PÁGINA 104

**10 contratar:** llegar a un acuerdo comercial a través del cual se obtiene un servicio determinado.

**11 itinerario:** ruta o recorrido detallado con todas las paradas y horarios de un viaje.

**12 expedición:** venta y entrega de un documento oficial que cumple con todos los requisitos legales.

**13 boleto:** billete que justifica el pago realizado para entrar en algún lugar o viajar en algún medio de transporte.

**14 gis:** termino usado en México para denominar a la tiza, que es un material blanco con forma de barra que se utiliza para escribir en las pizarras de las escuelas.

### PÁGINA 105

**15 abordar:** subir a un medio de transporte (el tren, el autobús, etc.).

**16 rumbo:** dirección, camino.

**17 tomar precauciones:** prepararse con antelación para afrontar las dificultades e inconvenientes que se piensa que pueden presentarse.

**18 previsor:** persona que se adelanta a los acontecimientos y se prepara para ellos.

**19 pasaje:** boleto, billete.

### PÁGINA 106

**20 afán de:** empeño en hacer algo.

**21 capilla ardiente:** lugar de culto religioso donde se vela y se reza por alguien que acaba de morir.

**22 prescribir:** determinar, indicar, disponer.

## PÁGINA 107

**23 impracticable:** dicho de un terreno o un camino de difícil acceso, por el que es difícil andar.

**24 lijar:** desgastar, erosionar un material por el rozamiento con otro material, normalmente con una lija.

**25 idilio:** relación amorosa, romance.

**26 vestigio:** resto o ruina de algo.

**27 enmohecido:** cubierto de moho. El moho es la capa de óxido que se forma en la superficie de los metales debido a la humedad.

**28 templar:** calmar, moderar el enfado de una persona.

**29 anales:** historia.

**30 abismo:** profundidad inmensa de un lugar.

**31 arengar:** pronunciar un discurso con el fin de exaltar los ánimos de alguien y así incitarle a que haga algo.

**32 desarmar:** desmontar, descomponer en sus partes

**33 caudaloso:** dicho de un río: que tiene mucho caudal o agua.

**34 hazaña:** hecho o acción memorable y heroico, logrado con esfuerzo.

## PÁGINA 108

**35 aplastar:** presionar o golpear un cuerpo deformándolo y disminuyendo su grosor.

**36 amotinado:** dicho de alguien que forma parte de un motín. Un motín es una rebelión de gente en contra de la autoridad.

**37 andén:** zona de la estación de trenes que está situada a lo largo de las vías desde la que los pasajeros suben y bajan de los trenes.

**38 venalidad:** propensión o tendencia a aceptar sobornos.

## PÁGINA 109

**39 urbanidad:** comportamiento adecuado y buenos modales necesarios para respetar y convivir en paz con los demás miembros de la sociedad.

**40 armadura:** piezas metálicas que se ponían cubriéndose las partes más débiles del cuerpo los que iban a la lucha.

**41 aserrín:** polvo o pequeñas partículas que suelta la madera cuando se sierra.

**42 estrago:** daño, destrozo notable.

**43 intemperie:** algo o alguien está a la intemperie cuando se encuentra sin resguardo ante las inclemencias del tiempo.

## PÁGINA 110

**44 escala:** parada que hacen los aviones o barcos durante el viaje.

**45 espía:** persona que esconde su verdadera identidad para obtener información comprometida o secreta y después comunicarlo a alguien.

## PÁGINA 111

**46 redoblar:** aumentar algo el doble, dos veces.

**47 trampa:** plan o ardid para engañar a alguien.

**48 espejismo:** ilusión óptica que nos hace ver cosas que en realidad no existen; suele darse este fenómeno en los desiertos.

**49 cautivador:** que cautiva, es decir, que atrae o seduce irresistiblemente por su gran atractivo.

**50 azar:** casualidad.

**51 guardagujas:** persona cuyo trabajo consiste en mover las agujas para que los trenes efectúen los cambios de vía correspondientes.

**52 jubilado:** persona retirada del trabajo que cobra una pensión.

**53 tripulante:** persona que forma parte del grupo de trabajadores que van a bordo de un medio de transporte (avión, barco, etc.) durante un viaje.

## PÁGINA 112

**54 gruta:** cueva o caverna.

**55 catarata:** salto de la corriente de un río desde un lugar más elevado hasta otro más bajo.

**56 vagar:** ir de un lugar a otro sin ningún destino.

**57 intempestivo:** dicho de algo que se produce de forma inesperada, inoportuna, fuera de tiempo o lugar.

**58 lote:** conjunto de cosas.

**59 guiño:** acción de cerrar el ojo con idea de transmitir una señal o mensaje de complicidad.

**60 picardía:** malicia inofensiva relacionada con el sexo.

## PÁGINA 113

**61 advenimiento:** llegada de algo o alguien que se espera.

## EJERCICIOS DE EXPLOTACIÓN DIDÁCTICA

**A. Indique si las siguientes afirmaciones son verdaderas (V) o falsas (F):**

**1.** El guardagujas le recomienda que alquile un cuarto por un mes, ya que ése es el tiempo que tardará en tomar su tren. **V / F**

**2.** El guardagujas comenta que los viajeros renuncian a las protestas por patriotismo. **V / F**

**3.** A veces los trenes, en sus recorridos, se encuentran con la falta de rieles en la vía. **V / F**

**4.** El fracaso que supuso la creación de un cuerpo de policía, desembocó en la creación de escuelas que impartían clases de defensa propia. **V / F**

**5.** Los espías son  trabajadores de la propia empresa que fomentan el espíritu constructivo. **V / F**

**6.** La empresa ferroviaria aspira a que los viajeros se somentan plenamente al azar. **V / F**

**7.** El guardagujas afirma que sus conocimientos vienen de la propia experiencia. **V / F**

**B. Elija la opción adecuada según el texto:**

**1.** El guardagujas afirma que los ferrocarriles del país son famosos por:
  **a.** procurar a sus viajeros confortabilidad.
  **b.** ofrecer una gran variedad en los tipos de boletos que los viajeros pueden adquirir.
  **c.** la extensa red que llega a todos los rincones del país.

**2.** El guardagujas le comenta que existen viajeros que:
   **a.** han formado una familia en los vagones.
   **b.** han adquirido un gran número de boletos para asegurarse la salida a algún punto del país.
   **c.** han muerto al intentar abordar el tren.

**3.** Se afirma que existen aldeas que han surgido a raíz de los accidentes provocados por:
   **a.** la circulación de trenes por lugares intransitables.
   **b.** la inexistencia de rieles.
   **c.** la sobrecarga de pasajeros.

**4.** La empresa, para reducir la ansiedad de los viajeros, se ha visto obligada a recurrir a:
   **a.** la creación de estaciones como decorados teatrales que incluyen el nombre de una gran ciudad.
   **b**. mantener una red de espías.
   **c.** crear escuelas para la educación cívica.

**5.** El guardagujas comenta que, en ocasiones, los viajeros son invitados a descender del vagón:
   **a.** para descansar y admirar lugares de interés.
   **b.** para que creen nuevas colonias.
   **c.** porque los tripulantes de los vagones reciben órdenes precisas para ello.

## C. Sustituya la palabra o expresión en negrita por un sinónimo:

1. Se **enjugó** el rostro con un pañuelo, y con la mano en visera miró los rieles que **se perdían** en el horizonte.
*secó / escurrió / extinguió - se alejaban / se separaban / desaparecían*

2. **Desalentado** y pensativo consultó su reloj: la hora justa en que el tren debía **partir**.
*alicaído / desmayado / desanimado - retirarse / juntarse / salir*

3. La aldea F. **surgió** a causa de uno de esos accidentes. Los viajeros pasaron tanto tiempo juntos, que de las obligadas conversaciones **triviales** surgieron amistades estrechas.
*brotó / emergió / se creó - pueriles / populares / banales*

4. Se ha intentado crear un cuerpo de policía en cada estación, pero la **imprevisible** llegada de los trenes hacía **tal** servicio inútil y **sumamente** costoso.
*inesperada / fortuita / impensable - igual / parecido / semejante - bastante / suficiente / más*

## D. Relacione cada palabra con su significado e insértelas después en las frases, realizando los cambios necesarios de concordancia:

| | |
|---|---|
| 1. Palmada | a. Del color de la ceniza. |
| 2. Forastero | b. Contener, comprender. |
| 3. Ceniciento | c. Sentimiento que indica que se ama todo aquello que es de tu país. |
| 4. Presidio | d. Golpe que se da con la mano. |
| 5. Abarcar | e. Extranjero, que viene de fuera. |
| 6. Patriotismo | f. Arcilla blanca terrosa que se utiliza para escribir en las pizarras. |
| 7. Gis | g. Capacidad de aceptar la adversidad. |
| 8. Resignación | h. Establecimiento penitenciario donde se encierra a los condenados. |

9. En algunas poblaciones están indicados en el suelo, mediante dos rayas de ............ .

10. Alguien salió de quién sabe dónde, le dio una ........... muy suave. Al volverse, el ............. se halló ante un viejecillo de vago aspecto ferroviario.

11. Las vías ............... y enlazan todas las poblaciones de la nación. Los habitantes del país aceptan las irregularidades del servicio y su ............... les impide cualquier manifestación de desagrado

12. Lo que debe hacer es buscar alojamiento, y señaló un extraño edificio ............. que más bien parecía un .............. .

## E. Elija el tiempo verbal adecuado:

Sucede que en un viaje de prueba, el maquinista (1) *advirtió / advertía* a tiempo una grave omisión de los constructores de la línea. En la ruta (2) *faltó / faltaba* el puente que (3) *debía / debe* salvar un abismo. Pues bien, el maquinista, en vez de poner marcha atrás, (4) *arengaba / arengó* a los pasajeros y (5) *obtuvo / hubo obtenido* de ellos el esfuerzo necesario para seguir adelante. Bajo su enérgica dirección, el tren (6) *fue / era* desarmado pieza por pieza y conducido en hombros al otro lado del abismo, que todavía (7) *reservaba / reservó* la sorpresa de contener en su fondo un río caudaloso. El resultado de la hazaña (8) *fue / era* tan satisfactorio que la empresa (9) *renunciaba / renunció* definitivamente a la construcción del puente, conformándose con hacer un atractivo descuento en las tarifas de los pasajeros que (10) *se atreven / se atrevieron* a afrontar esa molestia suplementaria.

—¡Pero yo (11) *debo / debía* llegar a T. mañana mismo!

## F. ¿Cree que el forastero al escuchar las nuevas que le comunica el guardagujas tiene una reacción coherente? ¿Cómo hubiera reaccionado usted?

## G. ¿Qué cree que se esconde tras la figura del anciano?

**H.** ¿Cree que la figura del guardagujas es producto de su imaginación? Argumente su respuesta.


**I.** ¿Qué cambios se producen en el viajero tras la conversación con el ferroviario?

**SOLUCIONES EN LA PÁGINA 125**

# SOLUCIONES

## NO OYES LADRAR LOS PERROS (p. 30)

**A.** 1: a  2: b  3: a  4: c  5: b
**B.** 1: difunto - e  2: agacharse - g  3: ladrar - b  4: zarandear - d  5: enderezarse - f
6: pescuezo - c  7: tambaleante - a
**C.** 1: Estoy  2: se sienta  3: volverá  4: importa  5: se vaya  6: vuelva  7: he maldecido
8: tiene  9: tocaba  10: pudra  11: di  12: supe  13: andaba
**D.** 1: enfrente de ellos - les llenaba  2: a tropezones - para volver a tropezar de nuevo
3: que nos diga que - está cerca  4: desde hace horas - para que acaben  5: la que - no le
debo más que  puras dificultades
**E.** 1: se - le - se  2: le - le  3: lo - lo - me - lo  4: le - se  5: la - te / lo - me - te / lo  6: te - la

## LA TÍA CELIA (p. 58)

**A.** 1: c  2: b  3: b  4: b  5: c  6: c
**B.** 1: encontraron  2: estaba  3: sintió  4: había 5: cortaba  6: olvida  7: oyó  8: tuvo
9: investiga  10: volvió  11: había empujado  12: fue  13: estaba  14: revoloteaba  15: se
acercó  16: quedó 17: pasaba  18: saludó  19: tropezó  20: investiga  21: mantuvo
22: contestó  23: había
**C.** 1: v  2: f  3: v  4: f  5: v  6: v  7: f  8: v
**D.** 1: d  2: h  3: i  4: g  5: j  6: a  7: b  8: e  9: f  10: c  -  11: 10  12: 1  13: 8  14: 2  15:
9  16: 3  17: 4  18: 5  19: 6  20: 7

## TENGA PARA QUE SE ENTRETENGA (p. 90)

**A.** 1: b  2: b 3: a  4: a  5: c  6: b
**B.** 1: hacia - por - de - en - del  2: de - en  3: Con - en - al - de  4: De - de - bajo - del
5: de - a - por - en - a - del  6: de - a  - para - a  7: de - ante - contra - de
8: Desde - hasta - sin - por - a
**C.** 1: aunque / pero  2: cuando / si   3: cuando  4: aunque / pero  5: que  6: como si  7: si
**D.** 1: Dicen  2: ocultar  3: poner  4: empezara  5: procedía  6: interrogar  7: desapareció
8: considerado  9: entregara  10: examinado
**E.** 1: c  2: e  3: d  4: f  5: a  6: g  7: b  8: cruzaron miradas  9: datan del siglo XIX
10: tendió la mano 11: pasa inadvertido  12: aceptó de mala gana  13: habían montado la
historia  14: había quedado desierto

## EL GUARDAGUJAS (p. 118)

**A.** 1: f  2: v  3: v  4: f  5: f  6: v  7: f
**B.** 1: c  2: b  3: b  4: a  5: c
**C.** 1: se secó - desaparecían  2: desanimado - salir  3: se creó - banales  4: inesperada –
semejante - bastante
**D.** 1: d  2: e  3: a  4: h  5: b  6: c  7: f  8: g  9: gis 10: palmada - forastero  11: abarcan -
patriotismo  12: ceniciento - presidio
**E.** 1: advirtió  2: faltaba  3: debía  4: arengó  5: obtuvo  6: fue  7: reservaba  8: fue
9: renunció 10: se atreven  11: debo